BIOGRAPHIE

DES

750 REPRÉSENTANTS

A

L'ASSEMBLÉE LÉGISLATIVE

ÉLUS LE 13 MAI 1849

PAR DEUX JOURNALISTES

PARIS
LIBRAIRIE PAGNERRE
RUE DE SEINE, 14 BIS.
1849

M. Daupeley, propriétaire,

Nogent

BIOGRAPHIE

DES

750 REPRÉSENTANTS

A L'ASSEMBLÉE LÉGISLATIVE.

Imp. de Gustave GRATIOT, rue de la Monnaie, 11.

BIOGRAPHIE

DES

750 REPRÉSENTANTS

A L'ASSEMBLÉE LÉGISLATIVE

ÉLUS LE 13 MAI 1849

PAR

DEUX JOURNALISTES.

PARIS

LIBRAIRIE PAGNERRE,

RUE DE SEINE, 14 bis.

—

1849

AVERTISSEMENT.

Nous vivons dans un temps où les hommes apparaissent et disparaissent si vite de la scène politique, que le public a besoin de connaître à l'instant même tous ceux qui viennent successivement y jouer un rôle.

C'est pour répondre à cette juste et impatiente curiosité que nous publions, quelques jours à peine après l'ouverture de la Législative, la biographie de ses sept cent cinquante membres.

Notre travail a été fait rapidement, mais sans précipitation. Tous les renseignements, pris à de bonnes sources, ont été contrôlés avec un grand soin. Nous avons préféré dire peu, que de dire ce que nous ne savions pas bien. Nous avons pu commettre involontairement quelques erreurs, mais nous pouvons affirmer qu'elles ne sont ni nombreuses ni importantes, et si petites qu'elles soient, nous serons toujours heureux d'être appelés à les rectifier dans une nouvelle édition.

Notre œuvre n'est point une œuvre de parti, c'est un travail consciencieux, sans passion et sans haine. Il ne contient que des indications et des faits. Les appréciations, les jugements, c'est au lecteur à les porter lui-même selon ses opinions propres et ses sentiments personnels.

Républicains sincères, résolus, mais républicains modérés, nous voulons croire qu'il n'y a dans l'Assemblée législative que des républicains, et, lorsque nous disons tel est *légiti-*

miste, tel *conservateur*, tel *orléaniste*, etc., nous n'entendons parler que de ce qu'il était antérieurement à la république; car, chargé d'appliquer la constitution, il serait coupable s'il avait accepté ce mandat pour la renverser; et, nous le répétons, nous livrons au public des renseignements, des indications, des faits, nous n'accusons ni ne jugeons.

E. C. — De M.
Journalistes.

Les départements sont classés par ordre alphabétique, et le même ordre a été suivi pour les noms dans chaque département.

Une table, placée à la fin du volume, facilitera d'ailleurs toutes les recherches.

BIOGRAPHIE

DES

750 REPRÉSENTANTS.

AIN. — 8 REPRÉSENTANTS.

Ce département avait nommé 9 représentants à la Constituante, 4 ont été réélus. — 4 nouveaux. — Les non réélus sont MM. Charassin, Guigue de Champvans, Regembal, Tendret, Bodin. — Le nombre des électeurs inscrits était de 102,031.

BAUDIN (ALPHONSE), élu le cinquième par 46,739 voix. Médecin à Paris, âgé de trente-cinq à quarante ans. Avant la révolution de février, il parlait souvent dans les loges maçonniques. Il y manifesta un talent oratoire très remarquable; il défendait en économie politique les doctrines du communisme. Après la révolution, il devint un des principaux orateurs des clubs. Démocrate et socialiste, il siége à la Montagne.

BOCHARD, élu à la Constituante par 72,162 voix, réélu le deuxième par 52,111 voix. Né à Marboiz (Ain) le 20 janvier 1779. Il était avocat à Bourg, et avait donné des preuves de patriotisme sous la monarchie de juillet. A l'Assemblée, il était membre du comité de l'administration départementale et communale. Il a voté pour le droit au travail, l'impôt progressif, et généralement contre la politique du gouvernement depuis le 10 décembre. Il appartenait au parti des représentants de la réunion du Palais-National.

BOUVET (ARISTIDE), élu le sixième par 46,453 voix. Officier de santé. Cousin de M. Francisque Bouvet. Il a les mêmes opinions. Il est partisan des doctrines socialistes.

BOUVET (FRANCISQUE), élu à la Constituante par 48,321 voix, réélu le premier par 53,346 voix. Né le 25 avril 1799. Avant la révolution de février, il combattait déjà et depuis longtemps dans les rangs du parti républicain. Auteur de plusieurs ouvrages sur les questions de philosophie et de politique, un des rédacteurs de la *Revue Indépendante*, il avait fondé dans son département le journal démocratique, le *Réveil de l'Ain*. Il a été condamné à la prison en 1832 pour la publication d'un ouvrage intitulé *République et Monarchie*. Dans l'Assemblée, il a voté pour le droit au travail, et presque constamment avec la réunion du Palais-National. Porté sur la liste des démocrates-socialistes, il n'appartient pas cependant complétement à la Montagne. Il est partisan de la paix universelle, et il voudrait résoudre toutes les difficultés entre les nations par un congrès perpétuel de tous les peuples.

GASTIER, élu le septième par 48,881 voix. Agé d'environ soixante ans, médecin homœopathe. Il était porté par les républicains démocrates-socialistes.

MAISSIAT (JACQUES), élu à la Constituante par 37,220 voix, réélu le huitième par 26,645 voix. Né à Nantua (Ain) en 1805. Médecin depuis 1838, il obtint, au concours, le titre d'agrégé de la Faculté pour la physique médicale. Plus tard il fut nommé sous-conservateur du Musée anatomique de Paris. Il faisait partie, à l'Assemblée, du comité de l'instruction publique. Il a presque toujours voté avec les représentants qui se réunissaient rue de Poitiers. Dans un discours très ingénieux et qui a produit beaucoup d'effet, il a combattu la proposition de M. Dufournel relative au reboisement. Il a fait aussi une dissertation très savante et très spirituelle sur la construction de la salle des séances de l'Assemblée, et a fait rejeter le projet qui avait pour but de faire servir, en l'agrandissant, l'ancienne salle de la Chambre des députés.

MOTTET-ROSELLI (DE BELLEY), élu le quatrième par 48,000 voix. Nommé commissaire du département de l'Ain à la révolution de février, avec M. Hugon. M. de Champvans avait été nommé de son côté, et un conflit s'est établi entre ces divers commissaires, à la suite duquel M. de Champvans est resté seul à la tête du département. M. Roselli est démocrate-socialiste.

QUINET (EDGARD), élu à la Constituante par 55,268 voix, réélu le troisième par 51,944 voix. Né à Bourg en 1803. Il était professeur au collège de France, où il eut un grand succès auprès de la jeunesse des écoles. Il fut suspendu jusqu'à la révolution de février. Il se présenta dans plusieurs colléges aux élections de 1846, mais il ne put réussir. En 1848, il fut nommé colonel de la onzième légion de Paris, composée en grande partie d'étudiants. M. Edgard Quinet a parlé en faveur de la république romaine, et a toujours voté avec les représentants de la réunion du Palais-National. Il a aussi voté pour le droit au travail. Il était membre du comité des affaires étrangères. M. Quinet n'est point un orateur, et il évite la tribune.

AISNE. — 12 REPRÉSENTANTS.

Ce département avait nommé 14 Représentants à la Constituante, 4 ont été réélus. — 8 nouveaux. — Non réélus, MM. Baudelot, Desabes, Dufour, Lemaire, Nachet, Proux, Plocq, Quinette, de Tillancourt et Vivien. — Electeurs inscrits, 160,698 ; — votants, 112,795.

BARROT (ODILON), élu à la Constituante par 107,005 voix, réélu le troisième par 63,782 voix. Né en 1791. Fils d'un député de la Lozère à la Constituante et à la Convention; avocat à la Cour de cassation de 1814 à 1830, secrétaire de la commission municipale, après la révolution de juillet, et chargé de conduire la famille déchue à Cherbourg. Préfet de la Seine, il quitta l'administration en même temps que ses amis Laffitte et Dupont de l'Eure abandonnèrent le ministère. Député de Paris, de l'Eure, puis du Bas-Rhin, et enfin de l'Aisne, il fut un des rédacteurs du compte-rendu et prit une large part, comme chef de l'opposition, à toutes les grandes discussions parlementaires jusqu'en 1848. Il se mit alors à la tête du mouvement des banquets réformistes dans lesquels il prononça, sur la question de la réforme électorale, seize discours remarquables. Le 24 février, il fit un effort en faveur de la régence; mais reconnaissant bientôt que là n'était point le vœu du pays, il se rallia franchement à la forme républicaine, combattit la nomination d'une commission exécutive en demandant que l'Assemblée nommât directement les ministres, fit partie de la commission chargée d'élaborer le projet de constitution, et présida la commission d'enquête sur les événements de mai et de juin. Président du conseil après l'élection du 10 décembre, il n'a pas un moment cessé de faire preuve de courage et d'énergie, répondant aux interpellations et aux attaques de l'opposition, ralliant souvent la majorité à l'administration par la confiance qu'inspirent sa probité et la loyauté incontestable de ses intentions. Il reste président du Conseil du cabinet du 2 juin.

BAUCHART, élu à l'Assemblée constituante et réélu le deuxième par 64,544 voix. Né en 1810 à Villers-le-Sec, il était avocat à Saint-Quentin et membre du conseil général de l'Aisne. Il fut du nombre de ceux qui, le 24 février, allèrent suspendre le sous-préfet de Saint-Quentin et proclamer le nouveau gouvernement. Il était un des membres les plus laborieux et les plus capables du conseil général. A la Constituante, il a fait partie du comité de la justice, et plusieurs fois il est monté à la tribune, notamment pour soutenir l'autorisation de poursuites contre le général Courtais et Barbès. Membre de la commission d'enquête, il fut chargé de rédiger le fameux rapport sur les événements de juin. Avant les élections du 10 décembre, M. Bauchart était pour le général Cavaignac, mais il s'est sincèrement rallié au gouvernement de Louis-Napoléon et l'a appuyé dans toutes les circonstances. Ami particulier d'Odilon Barrot, il partage les opinions du président du conseil. Il a fait d'abord partie de la réunion du Palais-National, mais depuis son rapport il est entré dans celle de l'Institut, et a constamment voté avec les républicains modérés. Ses principaux votes sont contre le droit au travail, contre l'impôt progressif, pour la proposition Rateau.

BROCARD DE BUSSIÈRES, élu le douzième par 51,096 voix. Né en 1791, ancien officier du génie, il fut élu pour la première fois à la Chambre des députés en 1834, par le département de la Marne. Il fut réélu en 1837, mais il ne put siéger à la Chambre parce que la députation de la Marne comptait plus de la moitié de ses membres n'ayant pas leur domicile dans le département. Il fut réélu en 1842 et en 1846, et il revint prendre sa place au milieu des centres. M. de Bussières a toujours voté selon le mot d'ordre du ministère. Il a approuvé l'indemnité Pritchard et toutes les mesures présentées par le cabinet Guizot. Il appartenait à cette phalange que M. de Lamartine désigna du nom de *conservateurs-bornes*.

CAMBACÉRÈS, élu le cinquième par 62,287 voix. Ancien député, neveu de l'archi-chancelier de l'empire. Il a été envoyé à la Chambre en 1842 par le collège *intra-muros* de Saint-Quentin en remplacement de M. Fould. M. Cambacérès siégeait à la gauche et a constamment voté avec l'opposition. Il s'est associé au mouvement réformiste et il a prononcé un discours très énergique au banquet de Saint-Quentin. Il a signé la mise en accusation du ministère Guizot et a montré beaucoup de fermeté dans toute la lutte qui a précédé la révolution de février.

DEBROTONNE, élu à la Constituante par 48,983 voix, réélu le quatrième par 62,619 voix. Né en 1789, propriétaire, ancien député; il avait été nommé à la dernière législature de la monarchie en remplacement de M. de Sade. Il siégeait au centre gauche. Libéral très sincère, il s'associa franchement au mouvement réformiste et assista à plusieurs banquets. Ses votes à l'Assemblée constituante ont été ceux d'un républicain modéré. Il y faisait partie du comité d'agriculture où l'appelaient des connaissances étendues et pratiques.

FOUQUIER D'HÉROUEL, élu le septième par 59,837 voix. Fabricant de sucre. Membre du conseil général de l'Aisne. Âgé d'environ soixante ans. Il est inspecteur des haras pour le département et possède des connaissances très étendues en agriculture. C'est un ancien conservateur. Il a toujours été en opposition avec le parti libéral.

GODELLE, élu le dixième par 57,464 voix. Propriétaire, ancien notaire à Guise, membre du conseil général de l'Aisne. Agé d'environ quarante ans. C'est un ancien conservateur qui a toujours été hostile aux candidats du parti libéral dans le département.

HÉBERT, élu le neuvième par 57,513 voix. Propriétaire, ancien secrétaire général de la préfecture de l'Aisne. Membre du conseil général du département. Agé d'environ quarante ans. C'est un ancien conservateur. Il a constamment combattu les candidats libéraux sous la monarchie.

LADEVÈZE, élu le huitième par 58,907 voix. Propriétaire, membre du conseil général de l'Aisne, commandant de la garde nationale de Château-Thierry. Agé d'environ quarante-cinq ans. C'est un ancien légitimiste qui s'est, dit-on, rallié à la république.

LAURISTON, élu le onzième par 55,216 voix. Général, marquis, ancien pair de France, nommé à la fin de 1848, colonel de la garde nationale de la dixième légion de Paris. Il était un des candidats désignés par la réunion de la rue de Poitiers pour le département de la Seine. A la Chambre des pairs, M. de Lauriston votait pour le ministère Guizot. On le désignait comme un légitimiste rallié.

LHERBETTE, élu à la Constituante par 124,392 voix, réélu le premier par 71,929 voix. Ancien député. Né en 1791. Sous la restauration, il était procureur du roi à Bernay, mais il donna bientôt sa démission, ne voulant pas s'associer aux actes d'un gouvernement qui n'avait pas ses sympathies. Nommé député après la révolution de 1830, il n'a cessé de combattre pendant dix-huit ans dans les rangs de l'opposition. La liste civile a toujours trouvé en lui un rude adversaire. En 1847 il dévoila le système des *coupes-sombres*. Lors de la campagne réformiste il assista à un grand nombre de banquets dans lesquels il prononça des discours très énergiques, et fut l'un des dix-sept députés qui voulaient assister à celui du 22 février. Dans la dernière Assemblée, il a pris part aux discussions importantes. Il a parlé en faveur du choix direct des ministres par l'Assemblée, à l'époque de la nomination de la commission exécutive ; il a combattu l'impôt progressif et défendu le système des deux Chambres. Il a proposé la suppression totale des pensions de la pairie et des sénateurs, et a flétri les moyens à l'aide desquels des pensions de retraite avaient été accordées aux préfets après février. Homme honnête et consciencieux, il n'était pas républicain en février ; mais, par tempérament sans doute, il a fait une rude guerre à la monarchie déchue. Il n'a jamais appartenu à aucun parti, il aime à marcher seul et combat plus volontiers le pouvoir qu'il ne le défend.

PAILLET, élu le sixième par 59,850 voix. Un des avocats les plus distingués du barreau de Paris, il a été pendant deux ans bâtonnier de l'ordre. En 1842, il s'était porté comme candidat ministériel dans l'arrondissement de Soissons, en opposition avec M. Lherbette. Il eut 313 voix contre son concurrent qui en obtint 324. Il avait aussi été porté dans un des colléges de Paris où il échoua. En 1846 il fut élu dans l'Aisne et dans la Charente-Inférieure. Il opta pour le premier département, et M. Bethmond fut élu à sa place, à La Rochelle. M. Paillet fit alors partie du centre gauche. Cependant il vota souvent avec le ministère Guizot ; mais dans la discussion de l'adresse en 1848, il s'était fait inscrire pour parler en faveur du droit de réunion.

ALLIER. — 7 REPRÉSENTANTS.

Ce département avait nommé 8 représentants à la Constituante, 4 ont été réélus. — 3 nouveaux. — Non réélus, MM. Bureau de Puzy, de Courtais, Laussedat et Tourret.— Electeurs inscrits, 90,096 ; — votants, 65,506.

FARGIN-FAYOLLE, élu à la Constituante par 47,418 voix, réélu le deuxième par 40,497 voix. Né à Montluçon en 1810. Avocat, propriétaire à Lamay. Il a toujours été dans les rangs de l'opposition avant février. Après la révolution, ses compatriotes l'envoyèrent à la Constituante où il a voté avec les représentants de la Montagne. Il faisait partie du comité de l'Algérie et des colonies.

LEDRU-ROLLIN, élu à la Constituante, dans le département de la Seine par 134,587 voix, dans Saône-et-Loire, et en Algérie, réélu le cinquième dans l'Allier par 40,407 voix et dans quatre autres départements. Il a obtenu au dix décembre plus de 300,000 voix pour la présidence de la République. Il est né à Paris en 1808. Après les journées de juin 1832, il rédigea une consultation contre l'état de siége, décrété par le gouvernement de Louis-Philippe. Deux ans après, il publia sur les massacres de la rue Transnonain, un mémoire qui eut un très grand retentissement. Avocat à la Cour de cassation, il plaida dans un grand nombre de procès politiques. En 1841, à la mort de M. Garnier-Pagès aîné, ce vigoureux athlète de la démocratie, M. Ledru-Rollin fut envoyé à la Chambre des députés par les électeurs du Mans. Il siégea toujours avec les membres de l'extrême gauche. Il assista à plusieurs banquets, notamment à ceux de Lille, Châlons-sur-Saône et Dijon. Dans la discussion de l'adresse de 1848, il prononça un discours remarquable en faveur du droit de réunion. Le 24 février, il fut un des premiers à s'élever contre la proposition de la régence et à demander l'appel au peuple. Nommé membre du gouvernement provisoire, il fut chargé du portefeuille de l'intérieur. A la réunion de la Constituante, il fut nommé membre de la commission exécutive; il y resta avec ses autres collègues jusqu'aux malheureuses journées de juin. Chef de la Montagne, il est devenu démocrate-socialiste. Il est un des premiers orateurs de l'Assemblée; son talent à beaucoup grandi dans les dernières luttes de la tribune.

MADET (CHARLES), élu à la Constituante par 47,895 voix, réélu le troisième par 40,475 voix. Né en 1805 à Ygrande (Allier). Fils d'un aubergiste, il fit ses études au collége de Moulins, et vint faire son droit à Paris. Il fit partie de plusieurs sociétés secrètes. Il fut condamné à trois mois de prison, qu'il subit en compagnie de Raspail et de plusieurs autres républicains. Après des luttes longues et difficiles, ayant perdu une partie de sa fortune, il rentra dans la vie paisible de la campagne. La révolution de février le fit porter à l'Assemblée constituante. Il a voté pour le droit au travail, contre les deux Chambres, contre le vote à la commune, la proposition Rateau, et la loi sur les clubs. Il fait partie des représentants de la Montagne. Il était membre du comité de l'Algérie et des colonies.

MATHÉ (FÉLIX), élu à la Constituante par 51,989 voix, réélu le premier par 40,529 voix. Né en 1808. Propriétaire. Il a subi cinq condamnations politiques, en 1831, notamment pour détention d'armes, en 1833 pour coalition d'ouvriers, et en 1835 pour les affaires d'avril. Il était un des principaux membres de la Société des Droits de l'homme. Il a payé par plusieurs années de prison et par quatre années d'exil en Belgique, son aversion pour la royauté. A la révolution de février, il fut nommé commissaire de la république pour son département. A la Constituante, il a toujours voté avec les représentants de la Montagne. C'est un républicain démocrate-socialiste.

RANTIAN, élu le septième par 39,076 voix. Républicain démocrate socialiste. Fils d'un ouvrier de Gannat (Allier), il est maire de cette ville.

SARTIN, élu le sixième par 40,233 voix. Avocat à Montluçon (Allier) ; nommé sous-commissaire du gouvernement provisoire dans cette ville, puis sous-préfet, il fut destitué par M. Sénard, ministre de l'intérieur du général Cavaignac. C'est un républicain démocrate-socialiste.

TERRIER (BARTHÉLEMY), élu à la Constituante par 52,939 voix, réélu le quatrième par 40,424 voix. Né à Montaigu en 1805. Il a depuis longtemps, et bien jeune, payé sa dette aux opinions républicaines. Il a subi en 1831 et en 1834, deux condamnations politiques qui, loin d'affaiblir son zèle pour le triomphe des principes démocratiques, n'ont fait que l'affermir. Ayant reçu le titre de docteur à la Faculté de médecine de Paris, il alla en 1838 se fixer au Donjon, où il exerça sa profession jusqu'à la révolution de février. A l'Assemblée, il a fait partie du comité de l'instruction publique et a toujours voté avec les représentants de la Montagne. Il a demandé la suppression de l'article 93 de la loi électorale relatif à la saisie de l'indemnité.

ALPES (BASSES-).— 3 REPRÉSENTANTS.

Ce département avait nommé 4 représentants à la Constituante, 2 ont été réélus. — 1 nouveau. — Non réélus, MM. Duchaffault et Chais. — Electeurs inscrits, 48,379 ;— votants, 26,462.

FORTOUL (HIPPOLYTE), élu vers la fin de 1848 à

l'Assemblée constituante en remplacement de M. Depoize, réélu le troisième par 11,352 voix. Agé d'environ quarante ans. Écrivain distingué, ex-professeur de littérature à Toulouse et à Aix, il faisait partie du comité de l'instruction publique. Il a constamment voté en faveur de l'administration du 20 décembre.

LAIDET (le général FORTUNÉ), élu à la Constituante par 19.000 voix, réélu le premier par 14,364 voix. Né en 1784. M. Laidet fut nommé chef de bataillon par Napoléon ; il devint colonel sous les Bourbons. Élu en 1827, il a voté l'adresse des 221. Depuis la session de 1834, il a constamment voté avec la gauche, et fut nommé questeur de la Chambre. Il échoua aux élections de 1846. Depuis qu'il est à l'Assemblée, il fait partie du comité de la guerre et vote toujours avec les représentants qui se réunissent au Palais-National, et qui ont fait une constante opposition à l'administration du 20 décembre.

YVAN (MELCHIOR), élu le deuxième par 13,418 voix. Médecin ; il a accompagné M. Lagrénée dans son ambassade en Chine. Il était conservateur sous le ministère Guizot ; mais depuis la révolution de février, il est devenu républicain démocrate, et il a fait dans son département une propagande active en faveur des doctrines du socialisme.

ALPES (HAUTES-).—3 REPRÉSENTANTS.

Ce département avait nommé 3 représentants à la Constituante, 2 ont été réélus. — 1 nouveau. — Non réélus, M. Bellegarde.—Electeurs inscrits, 36,964 ; votants, 21,644.

ALLIER, élu à l'Assemblée constituante, réélu le troisième par 6,935 voix. Né en 1793. Il s'engagea d'abord comme simple soldat et devint capitaine sous l'empire. En 1814, sa santé ne lui permettant plus de continuer son service, il donna sa démission et se livra entièrement aux beaux-arts. Il a exposé des statues fort remarquables, à plusieurs salons consécutifs. Envoyé en 1839 par le collége d'Embrun, il était le premier artiste qui, depuis le peintre David, avait pu pénétrer dans les assemblées législatives. Il appartenait à l'extrême gauche. En 1846, son élection échoua, grâce aux intrigues et à la corruption que le ministère employa contre lui; mais après la révolution de février, les électeurs le renvoyèrent de nouveau à la Constituante. M. Allier a voté pour deux Chambres, contre le droit au travail, pour la loi sur les clubs. Il faisait partie des républicains modérés de la réunion de l'Institut.

CHAIX, élu le deuxième, par 13,019 voix. Avocat; il était porté sur la liste des républicains démocrates; mais on assure que ses opinions ne sont pas encore bien arrêtées et qu'il n'est pas socialiste.

FAURE (PASCAL-JOSEPH), élu à la Constituante par 8,000 voix, réélu le premier par 14,049 voix. Né à Reculson près Gap le 3 mars 1798; il exerçait la profession d'avocat lorsque la révolution de juillet l'arracha à ses travaux. Il fut nommé député en 1831 et siégea sur les bancs de l'opposition. En 1832, il fut l'un des signataires du compte-rendu. Réélu à la législature de 1834, il échoua à la suivante. Il fut nommé président du conseil général de l'Isère en 1834, et il a constamment conservé cet honneur. A l'Assemblée, il a quelquefois voté avec les représentants de la réunion du Palais-National, mais plus souvent avec le parti modéré.

ARDÈCHE. — 8 REPRÉSENTANTS.

Ce département avait envoyé à la Constituante 9 représentants, 2 ont été réélus. — 6 nouveaux. — Non réélus, MM. Chazallon, Dautheville, Mathieu, Rouveure, Royol, Siboul et Valladier.— Electeurs inscrits, 105,091.

BONAPARTE (PIERRE), élu à la Constituante dans le département de la Corse, réélu à la Législative dans l'Ardèche, le sixième, par 32,331 voix. Il a été également réélu dans la Corse. Né à Rome, après l'exil de la famille impériale, le 11 octobre 1815, de Lucien Bonaparte, prince de Canino, frère aîné de l'empereur. Élevé en Italie, il y a fait sa première éducation militaire. Après la révolution de février, il s'empressa d'accourir à Paris où il arriva le 27. A la Constituante, il a prononcé plusieurs discours où il a fait preuve d'un républicanisme sincère. Toutes les fois que le président de la république, son cousin, a été attaqué, il l'a défendu avec énergie; il professe pour lui beaucoup d'estime et d'attachement. Pendant les journées de juin, il eut un cheval blessé sous lui au moment où il allait reconnaître les insurgés avec M. de Lamartine. Il a voté pour le droit au travail, contre les deux Chambres, contre la proposition Rateau. Il était membre du comité de la guerre. C'est un homme de cœur et de courage; il avait été nommé chef de bataillon dans la légion étrangère par le gouvernement provisoire.

CHABERT, élu le quatrième par 32,220 voix. Ancien élève de l'École polytechnique; ingénieur; professeur à l'École de marine de Brest. Jeune homme de mérite; bien que porté sur la liste des démocrates-socialistes, il peut être classé parmi les républicains modérés.

CHAMPANHET, élu à la Constituante par 37,007 voix, réélu le huitième par 30,768 voix. Né le 26 novembre 1796 au Pont-d'Aubenas, dont il est le maire depuis plus de vingt-cinq ans. Médecin. A l'Assemblée, il était membre du comité de l'administration départementale et communale. Il a voté contre le droit au travail, pour les deux Chambres, pour le vote à la commune, pour la proposition Rateau, contre la diminution de l'impôt du sel, contre la mise en accusation du ministère. Il appartenait à la réunion de la rue de Poitiers.

COMBRIER, élu le deuxième par 34,757 voix. Avocat, il avait été nommé procureur général à Nîmes par le premier ministre de la justice du gouvernement provisoire, M. Crémieux. Il donna sa démission sous M. Marie, ministre du général Cavaignac. Républicain ardent, il était porté sur la liste des démocrates-socialistes.

GLEIZAL, élu le troisième par 33,677 voix. Avocat. C'est aussi un républicain de vieille date, qui était sur la liste des candidats démocrates-socialistes.

LAURENT, élu à la Constituante par 28,759 voix, réélu le premier par 35,894 voix. Né le 4 septembre 1793 à Saint-Andriol. Avocat, juge de première instance de Privas. Il publia, en 1828, un ouvrage ayant pour titre : *Réfutation de l'Histoire de France de l'abbé de Montgaillard*. Il est auteur d'une *Histoire de Napoléon*, illustrée par Horace Vernet. Il fut commissaire de la république dans son département, sous le gouvernement provisoire. A la Constituante, il a voté pour le droit au travail, contre les deux Chambres, pour la diminution de l'impôt du sel, contre la proposition Rateau, pour la mise en accusation du ministère du 10 décembre. Il était membre du comité des travaux publics et faisait partie de la nuance la plus avancée de l'opposition dans l'Assemblée. Il était porté sur la liste des candidats démocrates-socialistes.

VACHERESSE, élu le septième par 30,844 voix. Médecin ayant quelque fortune ; démocrate ardent ; très brave homme. Il est aimé et estimé dans son département.

VASSEUR, élu le cinquième par 32,408 voix. Propriétaire ; républicain depuis longues années. C'est l'un des frères Vasseur qui furent impliqués dans l'insurrection de Grenoble, en 1831. Il était porté sur la liste des démocrates-socialistes.

ARDENNES. — 7 REPRÉSENTANTS.

Ce département avait nommé 8 représentants à la Constituante, 4 ont été réélus. — 3 nouveaux. — Non réélus, MM. Blanchard, Drapier, Robert, Tranchard. — Electeurs inscrits, 89,712.

CUNIN (CHARLES), élu le sixième, par 24,586 voix. Fils de M. Cunin-Gridaine, ancien ministre du commerce du cabinet Guizot. Fabricant de drap, un des associés de la maison qui avait souscrit pour 500,000 francs d'actions de chemins de fer. M Charles Cunin était porté sur la liste des candidats du parti modéré. Il peut être classé parmi les anciens conservateurs.

ÉVAIN, élu le troisième, par 39,027 voix. Propriétaire, noble de fraîche date ; il a, dit-on, été créé baron, il y a deux ou trois ans. Porté sur la liste des candidats du parti modéré ; ses opinions antérieures à la révolution de février doivent le faire classer parmi les légitimistes.

PAYER, élu à la Constituante par 46,646 voix,

réélu le quatrième par 31,661 voix. Né le 3 février 1818. Professeur suppléant à la Sorbonne, il a pris une part active à la révolution de février, à la suite de laquelle il devint chef de cabinet de M. de Lamartine, au ministère des affaires étrangères. Mais il n'exerça pas longtemps ces fonctions, et partit bientôt dans son département pour y travailler au succès de son élection. Il était membre du comité des affaires étrangères. Il a pris plusieurs fois la parole, mais ses discours ont eu peu de succès. Il a fait partie des diverses commissions chargées de l'examen des fonds secrets des ministères de MM. Ledru-Rollin, Sénard, Dufaure et Léon Faucher. Il a presque toujours voté avec la partie modérée de l'Assemblée.

RICHÉ, élu le cinquième, par 30,736 voix. Avocat. Il était porté sur la liste des candidats du parti modéré ; il est considéré comme appartenant à l'opinion légitimiste.

TALON (JULES), élu à la Constituante par 49,375 voix, réélu le deuxième par 43,017 voix. Né à Valenciennes (Nord) le 8 juillet 1810. Il entra à l'École polytechnique en 1829, et en sortit en 1831 comme officier d'artillerie. En 1837, il donna sa démission, et se retira à la campagne pour s'occuper exclusivement de travaux d'agriculture. Jusqu'à la révolution de février, il s'est tenu complétement éloigné des luttes politiques. A l'Assemblée, il a voté pour deux Chambres, pour le vote à la commune, et généralement avec les représentants qui appartiennent à la réunion de la rue de Poitiers Il faisait partie du comité de l'agriculture et du crédit foncier, et s'est occupé spécialement de la question du sel, sur laquelle il fit un rapport le 21 septembre 1848.

TERNAUX-MORTIMER, élu à la Constituante par 37,366 voix, réélu le premier par 49,195 voix. Né en 1808. Après la Révolution de juillet, il fut nommé membre de la commission des récompenses nationales, bientôt après auditeur au Conseil d'État, puis maître des requêtes en service ordinaire. Membre du conseil général de la Seine, il fut élu député de Réthel en 1842, en remplacement du maréchal Clausel. Dans les premières sessions, il vota plusieurs fois avec le ministère Guizot; mais depuis 1845, il entra franchement dans les rangs de l'opposition du centre gauche. Il voulait la réforme électorale. A l'Assemblée constituante, il vota avec les représentants faisant partie de la réunion de la rue de Poitiers. Il se montra assez hostile au gouvernement provisoire et attaqua toutes ses mesures financières. Il faisait partie du comité des finances dont il était un des membres les plus actifs. Il a été nommé, sous le gouvernement du général Cavaignac, membre de la commission municipale de Paris.

TOUPET-DESVIGNES, élu à la Constituante par 29,655 voix, réélu le septième par 21,092 voix. Né à Givet. Il était commandant de la garde nationale lors de la révolution de février. Il jouit d'une belle fortune. Il a repoussé, à l'Assemblee, l'art. 4 du projet de décret relatif à la colonisation de l'Algérie. Il appartenait au comité de l'Algérie et du crédit foncier, dont il a aussi été le secrétaire. Il a voté contre le droit au travail, contre les deux Chambres, pour le vote à la commune, pour la proposition Rateau et contre la diminution de l'impôt du sel. Il appartenait au parti modéré de la Constituante.

ARIÉGE. — 6 REPRÉSENTANTS.

Ce département avait nommé 7 représentants à la Constituante, 3 ont été réélus. — 3 nouveaux. — Non réélus, MM. Casse, Darnaud, Galy-Cazalat, Xavier Durrieu.—Electeurs inscrits, 77,191 ; votants, 45,357.

ANGLADE (CLÉMENT), élu à la Constituante par 43,971 voix, réélu le premier par 34,907 voix. Né à Urs en 1801. M. Anglade était avocat, mais il s'est occupé surtout d'agriculture. Nommé député en 1833, il fut un des premiers qui réclamèrent la réduction de l'impôt du sel. Il s'est recusé, lors du procès du journal *la Tribune*, traduit devant la Chambre des députés. Après la session, il ne fut point réélu. A la Constituante, il a fait partie du comité de législation. Il a fait une proposition relative à la création de médecins cantonnaux. C'est un républicain de la veille et qui a voté généralement avec les représentants de la Montagne.

ARNAUD, élu à la Constituante par 29,515 voix, réélu le deuxième par 21,161 voix. Né à Saint-Girons en 1817. Homme de lettres et avocat, il a fait plusieurs ouvrages dans lesquels il a spécialement traité les questions religieuses. Il était membre du comité des cultes dont il fut le vice-président. Il appuya le principe du droit au travail qu'il chercha à rapprocher du principe de la propriété et du principe de la liberté. Il demanda le rejet de l'art. 14 du projet de décret sur les clubs. Il a voté contre les deux Chambres, contre le vote à la commune, pour la suppression du remplacement militaire, pour la diminution de l'impôt du sel, contre la proposition Rateau. Il appartenait au parti des représentants qui se réunissaient au Palais-National, et il a constamment voté contre le ministère du 10 décembre. Il est un des six secrétaires du bureaux de l'Assemblée législative.

PILHES. Élu le quatrième par 18,691 voix. Agé d'environ quarante ans. Républicain de la veille, il était un des membres du comité central des sociétés secrètes avant février. Après la révolution il fut nommé commissaire de la république par M. Ledru-Rollin. Révoqué de ses fonctions, il fonda à Paris une librairie révolutionnaire, où l'on ne vendait que les ouvrages des républicains démocrates socialistes. Mais il abandonna bientôt cet établissement. Il appartenait, avant les élections, à l'administration du journal de M. Proudhon, *le Peuple*.

PONS-TENDE, élu le troisième, par 19,488 voix. Propriétaire, aimé dans son pays. Il était porté sur la liste des candidats républicains démocrates et socialistes.

ROUAIX, élu le cinquième par 17,348 voix. Avocat à Saint-Giron. A la révolution de février, il prit possession de la sous-préfecture, et fut nommé sous-commissaire par M. Ledru-Rollin. Il se présenta aux élections à l'Assemblée constituante, mais il ne fut pas élu. Il était cette fois-ci porté sur la liste des républicains démocrates-socialistes.

VIGNES (THÉODORE), élu à la Constituante par 21,313 voix, réélu le sixième par 16,198. Né à Pamiers en 1812. Il exerçait la profession d'avocat, lorsqu'arriva la révolution de février. Il fut nommé sous-commissaire de la république par le gouvernement provisoire dans l'arrondissement de Pamiers. A l'Assemblée, il a voté pour le droit au travail, contre le vote à la commune, pour le crédit foncier, contre la suppression du remplacement militaire, contre la proposition Rateau, pour la mise en accusation du ministère et généralement pour toutes les mesures proposées par les représentants de la Montagne. Il était membre du comité de l'agriculture et du crédit foncier.

AUBE. — 5 REPRÉSENTANTS.

Ce département avait nommé 7 représentants à la Constituante; 1 a été réélu. — 4 nouveaux. — Non réélus, MM. Delaporte, Gayot, Gerdy, Lignier, Milliard et Stourm. — Electeurs inscrits, 89,911.

BLAVOYER (ARSÈNE), élu à la Constituante par 26,674 voix, réélu le premier par 39,998 voix. Né à Troyes le 28 janvier 1815. D'abord avocat à Troyes, il se retira dans ses propriétés de Bourguignon-Faulx où il s'occupait d'agriculture. A l'Assemblée il a proposé un amendement au projet de décret relatif à l'enseignement agricole. Il était membre du comité de l'agriculture et du crédit foncier. Il a voté contre le droit au travail, pour les deux Chambres, pour le vote à à la commune, contre le crédit foncier, pour la proposition Rateau. Il appartenait à la nuance des représentants de la réunion de la rue de Poitiers.

HUSSON, élu le troisième par 25,770 voix. Maréchal de camp; âgé de soixante-cinq ans environ. Il a servi sous l'empire. Il commandait le département de l'Aube au moment de la révolution de février. Mis à la retraite par le gouvernement provisoire, il fut élu colonel de la garde nationale de Troyes. Il a été nommé comme bonapartiste.

PÉRIER (CASIMIR), élu le deuxième par 30,392 voix, fils de l'ancien président du conseil des ministres de Louis-Philippe. Il a été nommé à la dernière Chambre des députés par le premier arrondissement de la Seine. Il a constamment voté pour le ministère Guizot. De 1830 à 1846, il était employé dans la diplomatie. Il est peu probable qu'il se soit rallié complétement à la république.

PLANCY (DE), élu le cinquième par 19,061 voix. Jeune homme de trente ans environ, qui a passé sa première jeunesse dans les plaisirs de la vie parisienne. Il a été nommé comme bonapartiste. Son titre est d'être le petit-fils du trésorier de l'empereur.

VANDEUVRE (GABRIEL), élu le quatrième par 19,448 voix. Propriétaire très riche, âgé de quarante-cinq ans environ. Légitimiste et catholique très sincère et très fervent. C'est le fils de l'ancien pair de France.

AUDE. — 6 REPRÉSENTANTS.

Ce département avait envoyé à la Constituante 7 représentants; aucun n'a été réélu. — 6 nouveaux. — Les anciens étaient : MM. Anduze-Faris, Armand Barbès, Joly fils, Raynal, Sarrans, Solier et Trinchant.

ALENGRY, élu le deuxième à l'Assemblée législative par 37,416 voix. Riche propriétaire. Ancien officier de l'empire en retraite. Avant la révolution de février, il était conservateur. Sa candidature a été appuyée par le parti modéré.

BELVÈZE (DE), élu le quatrième à l'Assemblée législative par 36,965 voix. Très riche propriétaire. Avant la révolution de février, il était partisan déclaré de la branche aînée contre la branche cadette des Bourbons. Sa candidature a été vivement appuyée par les légitimistes.

DUPRÉ, élu le sixième à l'Assemblée législative par 33,093 voix. Avocat, ancien saint-simonien, ancien procureur du roi à Perpignan. Il s'était montré très hostile à la liberté de la presse. Sa candidature a été spécialement appuyée par les conservateurs de la dernière monarchie.

HAUTPOUL (d'), élu le cinquième à l'Assemblée législative par 35,970 voix. Général, ancien pair de France, commandant de la division militaire de Marseille, lors de la révolution de février. Sous Louis-Philippe, M. d'Hautpoul appartenait au parti légitimiste.

JOUY, élu le troisième à l'Assemblée législative par 37,164 voix. Riche propriétaire. Sous le gouvernement renversé par la révolution de février, il appartenait au parti conservateur qui a vivement soutenu sa candidature.

MATHIEU DE LA REDORTE, élu le premier à l'Assemblée législative par 37,697 voix. Riche propriétaire. Né en 1803, ancien élève de l'École polytechnique, ancien capitaine d'artillerie, comte, ancien député; il avait été élu en 1834, en remplacement de M. Mahul. Il a siégé au centre gauche et a toujours voté avec M. Thiers. N'ayant pu être réélu, il fut nommé pair de France.

AVEYRON. — 8 REPRÉSENTANTS.

Ce département avait envoyé à la Constituante 10 représentants ; 5 ont été réélus. — 3 nouveaux. — Non réélus : MM. Médal, Grandet, Dubruel, Affre et Abbal. — Electeurs inscrits, 112,504 ; votants, 79,850.

BALZAC (de), élu le cinquième à l'Assemblée législative par 42,745 voix. Membre du conseil général de son département. Il était porté sur la liste des modérés, mais son élection appartient surtout au parti légitimiste qui l'a vivement appuyée.

COMBES (l'abbé), élu le sixième à l'Assemblée législative par 41,942 voix. Curé de Rhodez. Sa candidature a été présentée et appuyée par le parti légitimiste et les anciens conservateurs.

DALBIS DU SALZE, élu à la Constituante par 32,000 voix, réélu le troisième par 44,073. Né à Salzes (Aveyron) en 1798. Propriétaire, ancien magistrat sous la restauration. Il s'était porté plusieurs fois sur les rangs comme candidat à la députation sous Louis-Philippe, mais il ne put réussir. A la Constituante, il a voté contre le droit au travail, pour deux Chambres, pour la proposition Rateau, contre la suppression du remplacement militaire. Il avait donné sa démission de représentant le 10 février 1849.

DENAYROUSE, élu le septième à l'Assemblée législative par 33,335 voix. Avocat. Il a été porté sur la liste démocratique et sociale qui n'a vu triompher, dans ce département, que deux candidats sur huit.

PRADIÉ, élu à la Constituante par 56,375 suffrages, réélu le huitième par 32,732. Né en 1817 à Rhodez. Notaire à Marcilhac, homme de lettres et fondateur, dans cette ville, d'un journal de l'opposition sous la monarchie. Il a publié plusieurs ouvrages théologo-philosophiques, entre autres un *Essai sur l'Être divin*. A l'Assemblée constituante, il faisait partie du comité des cultes dont il était secrétaire. Il a voté pour le droit au travail, contre les deux Chambres, pour la suppression du remplacement militaire, pour la diminution de l'impôt du sel, contre la loi sur les clubs. Il votait généralement avec les représentants de l'opinion la plus avancée.

RODAT, élu à la Constituante par 38,000 voix, réélu le premier par 46,128. Avocat, bâtonnier de l'ordre. Né le 14 janvier 1808 à Olanps, près de Rhodez. Fils d'un propriétaire, il a été substitut du procureur du roi à Espalion, en 1833, et à Rhodez, en 1834. En 1841, il donna volontairement sa démission pour rentrer dans les rangs du barreau. A l'Assemblée, il faisait partie du comité de la justice. Il a voté contre le droit au travail, pour les deux Chambres, pour le vote à la commune, pour l'amendement contre l'impôt progressif, et en général avec la nuance des représentants de la rue de Poitiers.

VERNHETTE, élu à la Constituante par 31,000 suffrages, réélu le quatrième par 42,878. Né le 27 octobre 1801 à Montjau (Aveyron). Sous la restauration, il était dans la magistrature. A la révolution de juillet, il donna sa démission et alla s'établir avocat dans sa ville natale. A la Constituante, il faisait partie du comité de la justice. Il a voté contre le droit au travail, pour deux Chambres, pour le vote à la commune, contre la suppression du remplacement militaire, contre la diminution de l'impôt du sel, pour la proposition Rateau. M. Vernhette a toujours voté avec les membres de la réunion de la rue de Poitiers.

VÉSIN (ÉMILE), élu à la Constituante par 60,467 suffrages, réélu le deuxième par 44,332 voix. Né le 8 août 1803 à Montrepos. Ex-procureur du roi ; sous-commissaire de la république, après la révolution de février, dans le département de l'Aveyron. M. Vésin ayant combattu dans un club certaines mesures prises par le commissaire-général, fut d'abord suspendu, puis révoqué plus tard. A l'Assemblée, il était membre du comité du travail et de l'agriculture et du crédit foncier. Il a pris plusieurs fois la parole, notamment le 31 janvier, contre la mise en accusation du ministère. Il a voté contre le droit au travail, pour deux Chambres, contre la diminution de l'impôt du sel, et généralement avec les membres de la réunion de la rue de Poitiers. C'est un homme courageux et modéré. Il était très opposé à l'élection du général Cavaignac à la présidence de la république.

B.-DU-RHONE. — 9 REPRÉSENTANTS.

Ce département avait nommé 10 représentants à la Constituante, 5 ont été réélus. — 4 nouveaux. — Non réélus, MM. Astouin, Barthélemy, Démosthènes Ollivier, Félix Pascal, Alexandre Rey. — Électeurs inscrits, 114,293.

BARTHÉLEMY (SAUVAIRE), élu à la Constituante par 37,961 voix, réélu le troisième par 45,031 voix. Né en 1800 à Marseille; il était pair de France, et se rangea presque toujours du côté du ministère; il était classé parmi les légitimistes. A la Constituante, ses opinions semblent n'avoir pas varié, si l'on en juge par les votes suivants : contre le droit au travail, il a adopté la proposition des deux Chambres, et appuyé le vote à la commune; il a accueilli avec faveur la proposition Rateau relative à la dissolution de la Constituante; il n'est point partisan de l'abolition de l'impôt du sel et a voté la loi sur les clubs (ensemble de l'art. 1); en un mot, il a voté constamment avec la partie de l'Assemblée nationale qui se réunissait dans la rue de Poitiers. Membre du comité des finances, on l'accuse d'avoir jeté une grande perturbation dans l'administration par l'ardeur qu'il a apportée à proposer et à soutenir de nombreuses réductions dans le budget rectifié de l'année 1848.

BERRYER, élu à la Constituante par 44,169 voix, réélu le deuxième par 45,163 voix. Né le 4 janvier 1790. Il est trop connu pour que nous écrivions ici sa biographie. Les actes de sa vie d'avocat, les actes de sa vie politique se sont tous accomplis au grand jour : nous ne voulons pas les juger; nous nous bornerons à exprimer le regret que M. Berryer n'ait pas mis au service de la cause démocratique les admirables ressources de son immense talent. A la Chambre des députés, il a toujours siégé à l'extrême droite. Depuis la révolution de février il n'a point combattu le gouvernement existant. A l'Assemblée, il a voté contre le droit au travail, contre le crédit foncier, pour la proposition Rateau, contre la diminution de l'impôt du sel. Il faisait partie du comité des finances et il était un des quinze membres du comité électoral de la rue de Poitiers.

CHANGARNIER (le général), élu à la Constituante dans le département de la Seine par 94,420 voix, réélu le quatrième à la Législative dans les Bouches-du-Rhône par 44,853, et dans la Somme et Seine-et-Oise. Né à Château-Chinon en 1799. Élève de l'École militaire de Saint-Cyr, il en sortit sous-lieutenant pour entrer dans la garde royale. En 1830 il fut envoyé en Afrique avec l'épaulette de lieutenant. En 1836, lors de la première expédition de Constantine, il était chef de bataillon au 2e léger. Connu dès lors pour un officier d'un grand mérite, il devint successivement colonel, général de brigade, général de division. Depuis dix-huit ans, il a pris part à presque tous les combats que nos troupes ont livrés en Afrique et a constamment fait preuve d'habileté, d'énergie et de courage. Il commandait à Alger, lorsqu'après la révolution de février y arriva la nouvelle de la proclamation de la république en France, et ce fut lui qui reçut des mains du duc d'Aumale, alors gouverneur général, le gouvernement provisoire de l'Algérie, en l'absence du général Cavaignac nommé officiellement à ce poste. Nommé gouverneur général de l'Algérie en remplacement du général Cavaignac, puis élu représentant du peuple dans le département de la Seine ; depuis il a été nommé général en chef des troupes de la première division et de la garde nationale du département de la Seine. Il remplit cette double fonction jusqu'au milieu de mai 1849. A la Constituante, il a voté contre le droit au travail, pour les deux Chambres, contre la diminution de l'impôt du sel, pour l'ensemble de la loi sur les clubs. Il a opté pour le département de la Somme.

FOURNIER (louis), élu le huitième par 37,874 voix. Ancien négociant, membre de la chambre du commerce de Marseille. Il appartenait sous la dernière monarchie au parti conservateur.

LABOULIE (gustave), élu à la Constituante par 33,051 voix, réélu le cinquième par 44,807 voix. Né en 1800 à Aix. Avocat remarquable, il consacra son talent à la défense des journaux légitimistes prévenus de délits de presse, et fut envoyé en 1834 à la Chambre des députés par la ville de Marseille. En 1848, il dut sa nomination à l'Assemblée constituante, au parti légitimiste, et il a presque constamment voté avec les membres de la réunion de la rue de Poitiers, pour le vote à la commune, contre l'amendement Grévy (question de la présidence), le crédit foncier, la suppression du remplacement militaire, la diminution de l'impôt du sel, et pour la suppression des clubs.

MERENTIÉ, élu le septième par 42,955 suffrages. Portefaix, membre du conseil municipal de Marseille. Il appartient au parti légitimiste, mais c'est, dit-on, un homme d'une opinion modérée. Il est très considéré de ses concitoyens.

PASCAL (frédéric), élu le neuvième à la Constituante par 37,651 suffrages. C'est un banquier très riche qui a toujours été conservateur sous le règne de Louis-Philippe. Il a combattu tous les candidats du parti libéral dans les élections.

POUJOULAT, élu à la Constituante aux élections supplémentaires de juin 1848, réélu le sixième par 44,468 voix. Né en 1802 à Marseille. Homme de lettres, ami et élève de Michaud, l'historien des Croisades, M. Poujoulat a publié un grand nombre d'ouvrages historiques, dont un fut couronné par l'Académie française. Il a été un des rédacteurs de la *Quotidienne*, journal légitimiste. A la Constituante, il faisait partie du comité de l'instruction publique. Il a voté contre le droit au travail, pour les deux Chambres, pour le vote à la commune, pour la proposition Rateau. Il a appuyé le projet de décret relatif à un crédit de cinquante millions pour les colonies agricoles de l'Algérie. Il était de la nuance des représentants qui se réunissaient rue de Poitiers.

REYBAUD (LOUIS), élu à la Constituante; au mois de juin, en remplacement de M. de Lamartine, et réélu à l'Assemblée législative, le premier, par 45,404 voix. Né à Marseille le 15 août 1799. Fils d'un honorable négociant de cette ville, son père le destinait au commerce. M Louis Reybaud se fit homme de lettres. Il recueillit de beaux succès dans sa carrière littéraire comme romancier et comme économiste ; c'est l'auteur de *Jérôme Paturot*. En 1846, il se présenta comme député et fut élu. Il siégait au centre gauche de la Chambre. Après la révolution de février, M. Louis Reybaud ne se représenta qu'aux élections supplémentaires du 4 juin. Il était membre du comité du travail et a toujours voté avec la partie la plus modérée de l'Assemblée. C'est un écrivain très distingué qui a toujours défendu les idées libérales.

CALVADOS. — 10 REPRÉSENTANTS.

Ce département avait envoyé 12 représentants à la Constituante, 3 ont été réélus. — 7 nouveaux. — Non réélus, MM. Bellencontre, Besnard, Demortreux, Desclais, Hervieu, Lebarillier, Lemonnier, Marie, Person. — Electeurs inscrits, 137,851 ; votants, 89,030.

BOSCHER, élu le quatrième par 64,368 voix. Ancien préfet du Gers; il était préfet du Calvados au moment de la révolution de février. Administrateur habile, il était très dévoué à la politique de M. Guizot; c'était un des familiers du château.

CAULAINCOURT (de), élu le dixième par 37,836 voix. Fils du duc de Vicence. Membre du conseil général du Calvados. Il a été nommé comme appartenant aux opinions bonapartistes.

CORDIER, élu le troisième sur la liste, par 63,723 voix. Ancien sous-préfet de Pont-Lévêque, sous le dernier gouvernement monarchique; il était conservateur ardent et très dévoué à la dynastie d'Orléans et à M. Guizot, auquel il devait sa nomination. Agé de 34 ou 35 ans.

DESLONGRAIS (ARMAND ROCHERELLE), élu à la Constituante par 100,594 voix, réélu le septième sur la liste par 59,620. Il est mort depuis les élections.

DES ROTOURS DE CHAULIEU, élu le huitième par 58,141 voix. Membre du conseil général du Calvados. Il était le chef du parti légitimiste dans l'arrondissement de Vire.

DOUESNEL DUBOSCQ (ROBERT-ALEXANDRE), élu à la Constituante par 56,860 voix, réélu le cinquième par 64,172 voix. Né dans l'arrondissement de Bayeux le 16 octobre 1798. Procureur du roi à Bayeux, il se fit destituer pour conserver son indépendance. Chef de bataillon de la garde nationale et membre du conseil général, il a fondé une maison de banque qu'il dirige avec deux associés. Membre du comité de législation, il a voté pour la suppression des clubs et contre la diminution de l'impôt du sel. Il faisait partie de la commission qui a préparé la loi électorale; il a pris souvent la parole dans la discussion de cette loi. Il votait habituellement avec le parti modéré de la rue de Poitiers,

D'HOUDETOT, élu le sixième par 63,365 voix. Comte, ancien pair de France, frère du député qui était aide-de-camp du roi Louis-Philippe. Très riche propriétaire. M. d'Houdetot était un des agents les plus actifs de la politique de M. Guizot dans le département du Calvados. A la Chambre des pairs, il a toujours voté avec le parti conservateur.

PAULMIER, élu le premier sur la liste par 66,567 voix. Riche propriétaire, fils d'un ancien courtier de commerce de Paris. Nommé député en 1846 par l'arrondissement de Falaise, il vota avec la partie la plus timide du centre gauche. Il ne fut pas réélu pour la Constituante.

RIOULT DE NEUVILLE, élu le neuvième par 57,956 voix. Propriétaire, membre du conseil général du Calvados. Il était à la tête du parti légitimiste dans l'arrondissement de Lisieux.

THOMINE-DESMAZURES, élu à la Constituante depuis le commencement de cette année, en remplacement de M. Durand; réélu, le deuxième sur la liste, par 65,810 voix. Il faisait partie du comité de l'instruction publique. Il a voté pour la proposition Rateau, pour l'ordre du jour Oudinot et pour la suppression des clubs. Il est du parti modéré.

CANTAL. — 5 REPRÉSENTANTS.

Ce département avait envoyé 7 représentants à la Constituante, 5 ont été réélus. — Pas de nouveaux. — Non réélus, MM. Daude et Delzons.

DURRIEU (PAULIN), élu à la Constituante par 18,000 voix, réélu le cinquième par 15,460 voix. Né en 1808. Ancien membre de la Société des Droits de l'homme; sous-commissaire de la république à Mauriac. Membre du comité de législation. Il a voté pour le droit au travail, pour l'amendement Grévy dans la question de la présidence, contre la proposition Rateau-Lanjuinais, contre la suppression des clubs et pour celle de l'indemnité au commandant des gardes nationales de la Seine. Républicain de la veille, il a été presque constamment dans l'opposition à l'Assemblée constituante.

MURAT-SISTRIÈRES, élu à la Constituante par 22,000 voix, réélu le deuxième par 20,147 voix. Né en 1803. Fils du général Murat-Sistrières; ancien élève de l'Ecole polytechnique; ancien capitaine d'artillerie; membre du conseil général; candidat de la gauche radicale sous le gouvernement déchu. Membre du comité des finances. Il a voté pour les deux Chambres et pour le vote à la commune, pour la suppression des clubs et généralement avec le parti modéré de la rue de Poitiers.

PARIEU (FÉLIX ESQUIROU DE), élu à la Constituante par 24,000 voix, réélu le premier par 20,889 voix. Né à Aurillac le 13 avril 1815. Avocat près la Cour d'appel de Riom, depuis 1841 ; membre de l'Académie de Clermont-Ferrand; ancien membre de l'Institut historique de Paris ; auteur de plusieurs articles de jurisprudence et de notices sur l'agriculture du Cantal. Membre du comité du travail. Il a voté contre les deux Chambres, pour la suppression des clubs et pour la suppression de l'indemnité au commandant des gardes nationales de la Seine. Membre de plusieurs commissions, il a été chargé successivement des rapports sur le décret des successions et donations, sur le décret relatif à l'impôt du revenu mobilier, sur la proposition relative à la législation de l'apprentissage; il a parlé, le 5 octobre, en faveur de la nomination du président de la république par l'Assemblée; il a déployé dans plusieurs circonstances un talent de parole fort remarquable ; il a successivement appartenu à la réunion de la rue de Poitiers et à celle de l'Institut. On peut le classer parmi les partisans de la république modérée.

RICHARD, élu à la Constituante par 16,000 voix, réélu le troisième par 18,022 voix. Né en 1809, dans le canton de Pierrefort. Élève d'Alfort ; médecin vétérinaire au 1ᵉʳ régiment d'artillerie ; professeur d'économie du bétail à Grignon ; fondateur d'une école d'agriculture en Auvergne ; professeur d'histoire naturelle à l'École des haras ; auteur de divers ouvrages d'agriculture et de science hippique ; sous-commissaire de la république à Saint-Flour. Membre du comité de l'agriculture et du crédit foncier ; rapporteur du projet de décret sur l'enseignement agricole en France. Il a voté pour le droit au travail, pour le crédit foncier, contre la proposition Rateau-Lanjuinais, pour la suppression du remplacement militaire, pour celle de l'indemnité au commandant des gardes nationales de la Seine, et généralement avec les représentants de la réunion du Palais-National.

TEILHARD-LATÉRISSE, élu à la Constituante par 20,000 voix, réélu le quatrième par 16,565 voix. Né à Murat en 1811. Médecin ; ancien maire de Murat où il est renommé surtout pour sa bienfaisance et son humanité. Membre du comité des finances. Il a voté pour le droit au travail, contre la proposition Rateau-Lanjuinais, contre la suppression des clubs, pour celle de l'indemnité au commandant des gardes nationales de la Seine et contre l'ordre du jour au sujet des affaires d'Italie. Il faisait partie de la réunion du Palais-National, et a fait une constante opposition au ministère du 20 décembre.

CHARENTE. — 8 REPRÉSENTANTS.

Ce département avait envoyé 9 représentants à la Constituante, 5 ont été réélus. — 3 nouveaux. — Non réélus, MM. Babaud-Laribière, Lavallée, Planat.

ANDRÉ, élu le septième par 31,691 voix. Notaire ; c'est un ancien conservateur, mais qui ne repousse pas tout à fait les idées de progrès et de réforme ; il accepte la forme républicaine. On pense qu'il siégera sur les bancs du parti modéré de l'Assemblée.

BODET (MATHIEU), élu à la Constituante par 37,839 voix, réélu le premier par 50,518 voix. Né à la Monlède le 16 décembre 1816. Avocat à la Cour de cassation, membre du conseil général, membre du comité des finances. Il a voté pour les deux Chambres, pour le vote à la commune, pour la proposition Rateau-Lanjuinais, pour la suppression des clubs, et pour l'ordre du jour dans la discussion sur les affaires d'Italie.

GIRARDIN (ERNEST DE), élu à la Constituante par 44,829 voix, réélu le troisième par 47,983 voix. Né en 1803. Fils de Stanislas de Girardin, l'élève de J.-J. Rousseau ; ancien député de l'extrême gauche, connu surtout par son énergique participation à la fameuse scène parlementaire du *voyage de Gand*. Membre du comité de l'intérieur. Il a voté pour les deux Chambres, pour la proposition Rateau-Lanjuinais, pour la suppression des clubs, pour l'ordre du jour dans la discussion au sujet des affaires d'Italie, et généralement avec le parti modéré de la rue de Poitiers.

HENNESSY (AUGUSTE), élu à la Constituante par 55,383 voix, réélu le cinquième par 40,371 voix. Né à Cognac en 1803. Négociant, membre du conseil général, membre du comité des finances. Il a voté contre la diminution de l'impôt du sel, pour l'ordre du jour dans la discussion sur les affaires d'Italie, pour la suppression des clubs. Il appartenait à la réunion de la rue de Poitiers dont il a constamment suivi la ligne politique.

LEMERCIER, élu le huitième par 28,836 voix. Fils du sénateur, ancien colonel d'état-major, baron, etc. Nommé député en 1842, par l'arrondissement de Cognac, il siégeait sur les bancs du Centre et s'était associé complétement à la politique de M. Guizot, dont ses votes appuyaient fidèlement toutes les mesures. Il a voté l'indemnité Pritchard.

POUGEARD, élu à la Constituante par 67,508 voix, réélu le quatrième par 46,781 voix. Né à Confolens en 1803. Avocat. Membre du comité des finances, auteur de plusieurs propositions sur des questions de crédit. Il a voté pour la diminution de l'impôt du sel, pour l'ordre du jour dans la discussion sur les affaires d'Italie, pour la suppression des clubs. Il vient de déposer une nouvelle proposition sur le régime hypothécaire.

RATEAU, élu à la Constituante par 37,839 voix, réélu le deuxième, par 48,424 voix. Agé de quarante-neuf ans. Avocat, membre du conseil général de la Gironde ; auteur de la proposition relative à la dissolution de l'Assemblée nationale. Membre du comité de la justice. Il a voté pour les deux Chambres, contre le vote à la commune, pour la suppression des clubs. On peut le classer parmi les représentants qui ont constamment voté avec la réunion de la rue de Poitiers.

SAZERAC DE FORGE (LÉONIDE), élu le septième par 36,263 voix. Président du tribunal de commerce, à Angoulême. Ancien conservateur. Il a toujours combattu les candidats du parti libéral.

CHARENTE-INF. — 10 REPRÉSENT.

Ce département avait envoyé 12 représentants à la Constituante, 4 ont été réélus. — 6 nouveaux. — Non réélus, MM. Audry de Puyraveau, Brard, Debain, Dupont de Bussac, Gaudin, Renou de Ballon, Target, d'Argenteuil.

BAROCHE, élu à la Constituante par 83,300 voix, réélu le quatrième par 73,497 voix. Né à la Rochelle en 1803. Avocat à la Cour d'appel de Paris, bâtonnier de l'ordre, ancien député, procureur général à la Cour d'appel de Paris; chargé des fonctions du ministère public près la haute cour de justice dans le procès du 15 mai. Membre du comité des affaires étrangères. Il a demandé, le 8 mai 1848, la nomination directe des ministres par la Constituante; ses discours ont souvent éclairé l'Assemblée dans la discussion des questions de jurisprudence. Il a parlé notamment à l'occasion de la liste dressée par la commission des récompenses nationales et il a vivement combattu l'argumentation de M. Dufaure. Il a voté pour les deux Chambres et pour l'ordre du jour Oudinot. Il avait d'abord fait partie de la rue de Poitiers; mais, dès le mois de juillet 1848, il s'est fait inscrire parmi les républicains modérés de la réunion de l'Institut.

BONAPARTE (NAPOLÉON), élu à l'Assemblée législative, le sixième, par 42,321 voix. Né à Trieste en 1822, second fils de Jérôme Bonaparte; élève de l'Ecole militaire de Louisbourg, d'où il sortit pour ne point servir contre la France; rentré en France quelques mois avant la révolution de février. Elu à la Constituante par le département de la Corse; il a parlé en faveur de la Pologne, et refusé de voter le décret de proscription qui frappait la branche cadette des Bourbons. Nommé ministre plénipotentiaire à Madrid; révoqué pour avoir quitté son poste sans autorisation, à la suite d'une lettre qui lui avait été écrite par le président de la république, et qui fut publiée dans tous les journaux; membre du comité des affaires étrangères. Il a voté pour les deux Chambres, combattu la prise en considération de la proposition Rateau, et voté contre l'ordre du jour dans la discussion sur les affaires d'Italie.

BUGEAUD (le maréchal), élu à la Constituante, lors des réélections de 1848, réélu le troisième par 73,930 voix. Né en 1784. Colonel en 1830; ancien député; gouverneur général de l'Algérie; duc d'Isly. La vie politique du maréchal Bugeaud est trop connue pour qu'il soit nécessaire d'en rappeler ici les détails. On sait que sous le gouvernement renversé le 24 février, il était un des membres les plus ardents du parti conservateur. Il n'a fait qu'une très courte apparition à l'Assemblée nationale d'où son commandement de l'armée des Alpes l'a tenu constamment éloigné. Après la révolution, il a écrit au gouvernement provisoire pour lui demander une enquête sur les événements de la rue Transnonain, auxquels il prétend avoir été complétement étranger, et pour protester de son dévouement à la république. Depuis, il n'a manifesté ses opinions que par quelques discours prononcés à Bourges et à Lyon, et dans lesquels il a violemment attaqué le parti des républicains socialistes. Tous les partis s'accordent à le considérer comme l'homme de guerre le plus capable de commander en chef une grande armée. Il est très aimé des soldats. Dans l'Assemblée, il faisait partie du comité de la guerre. Il est mort le 10 juin.

CHASSELOUP-LAUBAT (prosper), élu le cinquième par 42,127 voix. Né en 1805; il était conseiller d'État en service ordinaire; conservé par le gouvernement provisoire, il a été réélu à ces fonctions par l'Assemblée constituante. Nommé député en 1836, il a voté avec le centre gauche, et il a appuyé la proposition Rémusat sur les fonctionnaires publics, qui, si elle eût été adoptée, aurait eu pour effet de l'exclure de la Chambre ou du conseil d'État. Il a été constamment réélu jusqu'en 1848.

DUFAURE, élu à la Constituante par 68,197 voix, réélu le premier dans la Charente par 83,992 voix, et à Paris par 119,373 voix. Né en 1798. Avocat à Bordeaux; élu député à Saintes, en 1834; il défendit, en 1835, M. Audry de Puyraveau qu'on voulait envoyer devant la Cour des pairs, et repoussa les lois de septembre. Conseiller d'État en 1830, démissionnaire à l'avénement du ministère du 15 avril; ministre des travaux publics en 1839; opposé, en 1841, à la loi sur les fortifications de Paris; chef d'une sorte de *tiers-parti* en 1844; en 1847, il blâma le mouvement réformiste et refusa d'assister au banquet du Château-Rouge. Membre de la commission de constitution, il s'est rallié sincèrement à la république; ministre de l'intérieur depuis la fin de septembre jusqu'au 20 décembre 1848. C'est sous son administration qu'ont eu lieu les élections du 10 décembre. Partisan passionné du général Cavaignac, M. Dufaure s'est montré très hostile à la candidature de Louis-Napoléon; ministre démissionnaire après l'élection du 10 décembre, il a parlé, depuis, plusieurs fois dans les questions importantes et s'est constamment fait remarquer par la netteté de son langage et par un grand talent oratoire. Il vient d'être nommé ministre de l'intérieur dans le cabinet du 2 juin.

LABORDE (ÉTIENNE), élu le huitième par 33,003 voix. Agé de soixante-six ans. Enrôlé volontaire en

1805, il fit les campagnes d'Austerlitz, de Prusse, de Russie et d'Espagne. L'empereur, après son abdication en 1814, le choisit pour faire partie du bataillon de grenadiers qui devait le suivre à l'île d'Elbe. M. Laborde fut nommé, après le 20 mars, chef de bataillon et prit le commandement de la place de Cambray. Mis à la retraite lors de la seconde restauration, il rentra au service en 1830 comme lieutenant-colonel du 55e de ligne, puis du 41e; au siége de la citadelle d'Anvers, il sollicita et obtint l'honneur de monter le premier à l'assaut. Placé ensuite à la tête de la 39e compagnie de vétérans, il cessa en 1833 de figurer parmi les officiers de cette arme. Impliqué dans l'affaire de Boulogne, il fut condamné à deux ans de prison.

MONTHOLON (CHARLES-TRISTAN DE), élu le septième par 40,025 voix. Né à Paris en 1783. Comte, général de brigade, aide-de-camp de l'empereur Napoléon, qu'il suivit à l'île de Sainte-Hélène, d'où il ne revint qu'après la mort de l'illustre captif. Un des quatre exécuteurs testamentaires de Napoléon, et choisi par lui pour être le dépositaire d'une partie de ses manuscrits. Il a publié avec M. Gourgaud *les Mémoires pour servir à l'histoire de France sous Napoléon, écrits à Sainte-Hélène sous sa dictée.* Le général Montholon paraît avoir voué à Louis-Napoléon Bonaparte le culte qu'il avait pour son oncle ; il a été condamné par la Chambre des pairs pour sa participation dans l'affaire de Boulogne.

NAGLE (DE), élu le dixième par 29,666 voix. Commandant de la garde nationale de La Rochelle. Il appartenait sous la monarchie de juillet à l'opposition timide et modérée du tiers-parti. Il s'est franchement rallié à la république.

RÉGNAULT DE SAINT-JEAN D'ANGÉLY, élu à la Constituante lors des réélections de juin, réélu le deuxième par 74,245 voix. Fils du ministre de la république et de l'empire; général de brigade. Il était membre du comité de la guerre, et faisait partie de la réunion de la rue de Poitiers, avec laquelle il a constamment voté. Il a, d'ailleurs, été très longtemps absent de l'Assemblée; il commandait une brigade de l'armée des Alpes, et il fait partie de l'expédition commandée par le général Oudinot.

WAST-VIMEUX, élu le neuvième par 30,006 voix. Général ayant servi sous l'empire. Il a été nommé par les bonapartistes de ce département qui avaient déjà élu l'année dernière Louis-Napoléon.

CHER. — 6 REPRÉSENTANTS.

Ce département avait envoyé à la Constituante 7 représentants, 2 ont été réélus. — 4 nouveaux. — Non réélus, MM. Bidault, Duplan, Duvergier de Hauranne, Poisle-Desgranges, de Vogué.

BOUZIQUE (ÉTIENNE-URSIN), élu à la Constituante par 47,942 voix, réélu le deuxième par 33,833 voix. Né à Château-sur-Cher en 1801. Avocat, membre du conseil général du Cher depuis 1833. Il a toujours été, sous la monarchie, dans les rangs de l'opposition. En 1843, il publia une traduction en vers des satires de Juvénal. A la révolution de février, il fut appelé à remplir les fonctions de maire. A la Constituante il faisait partie du comité de la justice. Il a voté contre le droit au travail, pour les deux Chambres, contre le vote à la commune, contre la proposition Rateau, pour la diminution de l'impôt du sel, contre la loi sur les clubs. Il appartenait à la nuance des représentants qui se réunissaient au Palais-National. Il s'est montré très hostile au cabinet du dix décembre.

LOURIOU, élu le quatrième par 32,648 voix. Avocat très distingué du barreau de Bourges. Il a été porté sur la liste des démocrates-socialistes et deviendra bientôt, assure-t-on, un des orateurs les plus puissants de la Montagne. C'est un jeune homme de beaucoup de mérite.

MICHEL DE BOURGES, élu le troisième par 33,617 voix. Avocat, ancien député. Après la révolution de juillet, Dupont de l'Eure voulut le nommer procureur général; il refusa. En 1831, il prêta l'appui de sa parole à l'un des accusés du procès dit des *dix-neuf patriotes*, et plus tard au rédacteur en chef de *la Tribune*, dans l'affaire des fusils-Gisquet. En 1834 il défendit Voyer d'Argenson, et dans la même année, son énergique plaidoyer, lors du procès des *vingt-sept*, le fit suspendre pour six mois par la Cour d'assises de la Seine. Nommé député en 1837 par la ville de Niort, il siégea à l'extrême gauche, mais il n'eut pas à la Chambre le succès oratoire qu'on pouvait attendre de lui. Il ne fut pas réélu, et depuis cette époque il a faibli comme démocrate. Il contracta des amitiés avec les fidèles de Louis-Philippe et perdit beaucoup dans la confiance des patriotes du Cher. La révolution de février a paru réveiller ses anciennes idées, et il a été porté sur la liste des candidats socialistes.

PYAT (FÉLIX), élu à la Constituante par 34,321 voix, réélu le premier par 33,960 voix. Il a été réélu également dans le département de la Seine. Né à Vierzon en 1814. Homme de lettres, rédacteur de plusieurs journaux républicains avant la révolution de février, auteur de plusieurs pièces de théâtres qui ont eu un très grand succès, telles que les *Deux Serruriers*, *Diogène*, et le *Chiffonnier*. Il fut condamné à six mois de prison pour un pamphlet qu'il fit contre M. J. Janin le feuilletonniste des *Débats*. Il fut nommé commissaire du gouvernement provisoire pour le département du Cher. A la Constituante, il est monté plusieurs fois à la tribune et y a prononcé un discours remarquable sur la question du droit au travail. Il faisait parti du comité de l'intérieur; il a toujours voté avec les représentants de la Montagne dont il est un des principaux membres. Il s'est battu en duel avec M. Proudhon; mais depuis, le parti de la Montagne s'est complétement fondu avec le parti socialiste, et M. Pyat a été un de ses candidats aux élections de Paris.

VAUTHIER, élu le cinquième par 32,119 voix. Ancien élève de l'École polytechnique, ingénieur des ponts et chaussées. Il a été porté sur la liste des républicains démocrates-socialistes. Il est partisan de la doctrine phalanstérienne.

VIGUIER, élu le sixième par 31,891 voix. C'est un homme d'environ soixante ans. Propriétaire, ancien arquebusier, républicain de la veille. Immédiatement après la révolution de juillet, il a contribué à fonder la *Revue du Cher* qui propageait les doctrines républicaines dans le département. Il a fait une opposition constante et énergique à la monarchie de Louis-Philippe. Il était membre de la *Solidarité républicaine*; et plusieurs visites domiciliaires ont été faites chez lui, sous le ministère de M. Léon Faucher.

CORRÈZE. — 7 REPRÉSENTANTS.

Ce département avait envoyé 8 représentants à la Constituante, 5 ont été réélus. — 2 nouveaux. — Non réélus, MM. Dubousquier-Labordcrie, Favart, Lebraley. — Electeurs inscrits, 84,363.

BOURZAT, élu à la Constituante par 22,226 suffrages, réélu le troisième par 35,626 voix. Né en

1798 à Brives-la-Gaillarde. Avocat dans sa ville natale, il fut surnommé l'*avocat des pauvres*, à cause de son désintéressement et de son caractère éminemment honnête et bienfaisant. A la Constituante il était membre du comité de législation. Il a voté pour le droit au travail, contre les deux Chambres, pour la suppression du remplacement militaire, contre la proposition Rateau, pour la diminution de l'impôt du sel, pour la mise en accusation du ministère du 10 décembre. Il était de la nuance des représentants qui se réunissaient au Palais-National

CEYRAS, élu à la Constituante par 29,713 suffrages, réélu le cinquième par 34,888 voix. Né à Rochefort en 1796. Il était juge du tribunal de Tulle avant la révolution de février, et faisait partie du conseil municipal depuis plusieurs années. Il fut nommé commissaire de la république. A la Constituante il a fait une proposition concernant les invalides de la campagne et s'est occupé spécialement des questions de paupérisme. Il était membre du comité de l'Algérie et des colonies. Il a voté contre le droit au travail, contre les deux Chambres, contre la proposition Rateau, pour la diminution de l'impôt du sel, contre la loi sur les clubs, pour la mise en accusation du ministère du 10 décembre. Il était porté sur la liste des candidats démocrates-socialistes.

CHAMIOT-AVENTURIER, élu le septième à la Législative par 19,885 voix. Ancien commissaire du gouvernement provisoire, nommé préfet sous la commission exécutive, révoqué depuis. Il est républicain de la Montagne.

LATRADE (LOUIS), élu à la Constituante par 7,428 suffrages, réélu le deuxième par 36 988 voix. Né à Paris en 1812. Ancien élève de l'École polytechnique; il prit part aux luttes du parti républicain sous le règne de Louis-Philippe et plusieurs fois il s'est assis sur les bancs des assises comme accusé politique. Il fut ensuite attaché à la rédaction du *National*. A la révolution de février, il fut nommé commissaire du gouvernement provisoire dans la Gironde, où il fut obligé d'abandonner ses fonctions; puis, il fut nommé commissaire dans la Dordogne. A la Constituante, il a fait partie du comité de l'intérieur et des travaux publics. Il a fait une proposition relative aux entreprises de travaux à accorder aux associations d'ouvriers. Il a voté pour le droit au travail, contre les deux Chambres, contre la proposition Rateau, pour la diminution de l'impôt du sel, contre la loi sur les clubs. Il appartenait à la nuance des représentants qui se réunissaient au Palais-National. Il fut un des représentants de cette réunion qui travaillèrent le plus au renversement de la commission exécutive et à l'élévation du général Cavaignac.

MADESCLAIRE, élu à la Constituante par 25,183 suffrages, réélu le sixième par 33,475 voix. Né à Tulle en 1804. Brasseur, membre du conseil municipal à Tulle et commandant de la garde nationale. A la Constituante, il faisait partie du comité de l'intérieur. Il a voté contre le droit au travail, contre les deux Chambres, contre la proposition Rateau, pour la diminution de l'impôt du sel, pour la mise en accusation du ministère du 10 décembre. Il appartenait à la nuance des représentants qui tenaient leur réunion au Palais-National. Il s'est montré très hostile à l'administration du 10 décembre.

PÉNIÈRES, élu à la Constituante par 17,784 suffrages, réélu le quatrième par 35,296 voix. Né à Ussel en 1810. Petit-fils du conventionnel Pénières. Avant la révolution de février, il a toujours été dans l'opposition, contre le parti ministériel. A la Constituante, il était membre du comité de la guerre. Il a voté pour le droit au travail, contre les deux Chambres, contre la proposition Rateau, pour la diminution de l'impôt du sel. Il était de la nuance des représentants qui se réunissaient au Palais-National.

SAGE, élu le premier par 37,716 voix. Avocat, candidat des républicains démocrates-socialistes. Il a pris la parole dans une des premières séances de l'Assemblée législative pour demander une enquête sur les élections des Côtes-du-Nord. Il a prétendu que le sergent Rattier avait eu le droit de parler au nom de l'armée.

CORSE. — 5 REPRÉSENTANTS.

Ce département avait envoyé à la Constituante 6 représentants, 2 ont été réélus. — 3 nouveaux. — Non réélus, MM. Louis-Napoléon Bonaparte, Napoléon Bonaparte, Conti et Piétri. — votants, 42,987.

ABBATUCCI (CHARLES), élu le deuxième par 23,121 voix. Avocat, substitut du procureur de la république du département de la Seine. Il est fils de M. Abbatucci, ancien député de l'opposition libérale, nommé conseiller à la Cour de cassation depuis la révolution de février, et qui faisait partie de l'Assemblée constituante. M. Abbatucci fils siégera parmi les républicains modérés. Il est dévoué, comme son père, à la famille Bonaparte et particulièrement au président de la république.

ARRIGHI (le général), élu le premier par 27,738 voix. Aide-de-camp du général Berthier, en Orient; chef d'escadron à la bataille de Marengo; général de brigade à Austerlitz; général de division à Esling; nommé duc de Padoue par Napoléon, peu de temps après la bataille de Friedland; gendre du comte Henri de Montesquiou. Membre de la Chambre des pairs pendant les Cent-Jours. Il conçut un moment le projet de rendre la Corse indépendante, après la seconde abdication de l'empereur. Frappé par l'ordonnance royale du 7 janvier 1816, il obtint son rappel en 1820. Il est allié à la famille Bonaparte et dévoué particulièrement au président de la république. Son fils est préfet du département de Seine-et-Oise.

BONAPARTE (PIERRE), élu le quatrième par 21,765 voix (Voir, pour sa biographie, au département de l'Ardèche dans lequel il a été également élu).

CASABIANCA (FRANÇOIS-XAVIER), élu à la Constituante par 16,000 voix, réélu le troisième par 22,002 voix. Né le 27 juin 1796 à Nice, où sa famille s'était réfugiée pendant l'occupation de la Corse par les Anglais. Élève du Lycée-Napoléon, il y a obtenu, à l'âge de seize ans, le premier prix de philosophie. Avocat à la cour d'appel de Bastia, il s'y est placé au premier rang, dès son début. Candidat de l'opposition en 1837, il ne lui manqua que cinq voix pour être élu député. Il n'a jamais exercé de fonctions publiques. A la Constituante, il était membre du comité de la marine. Il a voté contre le droit au travail, contre les deux Chambres, contre le vote à la commune, contre la proposition Rateau, contre la mise en accusation du ministère Il appartenait à la réunion des républicains modérés de l'Institut. Il est très dévoué à la famille Bonaparte.

GAVINI (DENIS), élu le cinquième par 20,785 voix. Agé de trente ans environ. Avocat à Bastia ; lors des élections du dix décembre, il combattit en faveur de la candidature du général Cavaignac. Il a été porté par le parti hostile au président de la république et à l'influence de la famille Bonaparte.

COTE-D'OR. — 8 REPRÉSENTANTS.

Ce département avait envoyé 10 représentants à la Constituante, 4 ont été réélus. — 4 nouveaux. — Non réélus, MM. Pougueret, Godard-Poussignol, Magnin-Philippon, Maire, Monnet et Perrenet.

BENOIT-CHAMPY, élu le quatrième par 49,782 voix. Avocat distingué du barreau de Paris, membre du conseil de l'ordre. Il professait des opinions libérales avant la révolution de février ; il fut nommé, par le gouvernement provisoire, ministre plénipotentiaire à Florence. Il a sincèrement accepté la république, mais il la veut honnête et modérée.

CHAPER, élu à l'Assemblée législative le cinquième, par 46,713 voix. Porté sur la liste du parti modéré, depuis qu'il est à l'Assemblée législative, il a constamment voté avec la droite.

DEMONTRY (JULES-LÉON-JAMES), élu à la Constituante par 50,000 voix, réélu le huitième par 36,756 voix. Né à Dijon en 1805. L'un des fondateurs de l'*Association bourguignonne* contre le retour de la branche aînée ; poursuivi en 1831 pour la publication d'un manifeste aux officiers de l'armée ; collaborateur du *Patriote de la Côte-d'Or* ; organisateur en 1833 de la *Société des Droits de l'Homme* dans la Côte-d'Or ; défenseur des prévenus d'avril ; correspondant de *la Réforme* ; organisateur, en novembre 1847, du banquet républicain de Dijon ; commissaire de la république pour la Côte-d'Or, puis commissaire-général pour les départements du Doubs et de la Haute-

Saône. Membre du comité des affaires étrangères. Il a constamment siégé et voté avec la Montagne.

JOIGNEAUX, élu à la Constituante par 44,520 voix, réélu le septième par 37,325. Né à Varennes en 1815. Ancien élève de l'École centrale des Arts et des Manufactures; agronome et publiciste; fondateur de la *Revue de la Côte-d'Or* et rédacteur du journal *le Châtillonnais*; rédacteur en 1835 du *Journal du Peuple*, du *Corsaire* et du *Charivari*; arrêté et mis en prison pour avoir pris part à la rédaction de *l'Homme libre*; auteur des *Prisons de Paris*. Membre du comité des travaux publics. Il siégeait sur les bancs de la Montagne.

MARÉCHAL, élu à la Constituante par 44,838 voix, réélu le deuxième par 53,460; né à Bligny-sur-Beaume, en 1800. Avocat, ex-substitut du procureur du roi, en 1830. Membre du comité de l'instruction publique. Il a voté pour les deux Chambres, contre la réduction de l'impôt du sel, pour la suppression des clubs, et généralement avec le parti modéré de la rue de Poitiers.

MAUGUIN (FRANÇOIS), élu à la Constituante par 71,491 voix, réélu le premier par 54,469. Né à Dijon le 28 février 1785. Avocat célèbre sous la restauration. Député libéral de 1827 à 1830, il prit une part active à la révolution de juillet, fut membre du gouvernement provisoire, siégea de nouveau sur les bancs de l'opposition et se fit remarquer par l'ardeur avec laquelle il combattit le ministère de Casimir Périer. Orateur habile et spirituel, il s'attacha spécialement à traiter les questions de politique extérieure et d'industrie viticole. Membre du comité des affaires étrangères, rapporteur de la commission des boissons à l'Assemblée constituante. Il a voté pour la suppression de l'indemnité au commandant des gardes nationales de la Seine, et pour l'ordre du jour dans la discussion sur les affaires d'Italie.

NOBLET, élu à l'Assemblée législative le sixième, par 46,406 voix. Candidat du parti modéré, ses votes, depuis qu'il est entré à l'Assemblée législative, ont toujours été en faveur du ministère.

VAUDREY, élu le troisième par 53,676 voix. Colonel, aide-de-camp du président de la république. Il commandait le 4ᵉ régiment d'artillerie, lors de la tentative de Strasbourg, en 1836. Il fut impliqué dans cette affaire et acquitté par le jury.

COTES-DU-NORD. — 13 REPRÉSENT.

Ce département avait envoyé 16 représentants à la Constituante, 4 ont été réélus. — 9 nouveaux. — Non réélus, MM. Carré, Glais-Bizoin, Houvenagle, Ledru, Loyer, Marie, Michel, Morhéry, Perret, Racinet, Jules Simon, Yves Tassel. — Electeurs inscrits, 164,000 ; — votants, 110,000.

BIGREL (THÉOPHILE), élu le dixième à la Législative. Propriétaire, membre de la Légion d'honneur, ancien sous-préfet de l'arrondissement d'Argentan ; il fut révoqué par le gouvernement provisoire. Il était du parti conservateur sous le ministère Guizot.

BOTMILLIAU, élu le troisième à la Législative. Propriétaire ; maire de la ville de Guingamp. Il était porté sur la liste des candidats modérés, et doit être classé parmi les légitimistes.

CHARNES, élu le quatrième à la Législative. Capitaine de vaisseau, ancien capitaine du pavillon du prince de Joinville. Ses fonctions permettent de le classer parmi les orléanistes. Il était porté sur la liste des candidats modérés.

CUVERVILLE, élu le sixième à la Législative. Propriétaire ; catholique sincère, partisan de la liberté de l'enseignement. Sa candidature a été soutenue par les légitimistes.

DENIS, élu à la Constituante par 70,596 voix, réélu le cinquième à la Législative. Né en 1801. Armateur à Saint-Brieuc, maire du Plérin. Membre du comité de la marine. Il a voté pour les deux Chambres et le vote à la commune, pour la réduction de l'impôt du sel, pour la proposition Rateau-Lanjuinais et pour l'ordre du jour dans la question sur les affaires d'Italie.

DEPASSE (ÉMILE-TOUSSAINT-MARCEL), élu à la Constituante par 90,577 voix, réélu le septième à la Législative. Né à Guingamp le 29 juillet 1804. Ancien notaire, maire de Lannion, auteur d'un ouvrage intitulé : *Considérations sur les salles d'asiles et de leur influence sur l'avenir des classes pauvres*. Il s'est occupé activement, dans la ville qu'il administrait, de l'extinction de la mendicité, de la fondation de salles d'asile, de l'organisition de l'éducation professionnelle. Membre du comité de la marine, il a pris part surtout aux travaux intérieurs sur les questions d'assistance. Il a voté pour les deux Chambres, contre la proposition Rateau-Lanjuinais, pour la réduction de l'impôt du sel, pour l'ordre du jour dans la discussion sur les affaires d'Italie. Il faisait partie des républicains modérés de la réunion de l'Institut.

DIEULEVEULT, élu le treizième à la Législative. Maire de Tréguier ; propriétaire ; membre du conseil général des Côtes-du-Nord. Sa candidature a été surtout soutenue par le parti légitimiste.

LECOMTE (LOUIS), élu le onzième à la Législative. Banquier, membre de la Légion d'honneur ; il était maire de la ville de Dinan sous le dernier gouvernement monarchique, et passait alors pour très conservateur.

LEGORREC (Claude-Jean-Marie), élu à la Constituante par 89,873 voix, réélu le deuxième à la Législative. Né à Saint-Brieuc, le 5 mai 1800. Licencié en droit, capitaine de la garde nationale, maire de Pontrieux, membre du conseil général, député depuis 1842; votant avec la gauche. Membre actif de la Charbonnerie en 1820, il a fait partie, en 1848, de la commission administrative de son département. Membre du comité de l'agriculture et du crédit foncier. Il a voté pour les deux Chambres, pour la réduction de l'impôt du sel, pour la suppression des clubs, contre celle de l'indemnité au commandant des gardes nationales de la Seine, pour l'ordre du jour dans la discussion sur les affaires d'Italie, et généralement avec le parti modéré de la rue de Poitiers.

LENORMAND-DESSALES, élu le huitième à la Législative. Ancien capitaine du génie; membre du conseil général des Côtes-du-Nord. Il appartient au parti modéré.

MONTALEMBERT (de), élu à la Constituante dans le Doubs par 22,552 voix, réélu dans le même département et dans les Côtes-du-Nord le douzième à la Législative. Né à Paris en 1812. Ex-pair de France, auteur d'une *Histoire de Catherine de Hongrie*, collaborateur de Lamennais pour la rédaction du journal *l'Avenir*, dans lequel il se fit le défenseur de la Pologne et l'adversaire intraitable de l'Université. Apôtre des intérêts catholiques, il se distingua surtout en 1847 et en 1848 par deux discours sur l'Irlande et sur les affaires de la Suisse. Membre du comité de l'instruction publique, il a pris part aux discussions de la constitution. La cause de la liberté de l'enseignement n'a point d'avocat plus persévérant ni plus zélé. Il a voté pour les deux Chambres et pour le vote à la commune, contre la suppression de l'indemnité au commandant des gardes nationales de la Seine, et pour l'ordre du jour dans la discussion sur les affaires d'Italie. Il faisait partie de la réunion de la rue de Poitiers ; il était l'un des quinze membres de son comité électoral. C'est un orateur très distingué.

THIEULLIN, élu le neuvième à la Législative. Propriétaire ; il était préfet du département des Côtes-du-Nord, lors de la révolution de février ; il fut révoqué par le gouvernement provisoire ; il est commandeur de la Légion d'honneur, et doit être classé parmi les anciens conservateurs.

TRÉVENEUC (HENRI-LOUIS-MARIE de), élu à la Constituante par 94,132 voix, réélu le premier à la Législative. Né à Saint-Brieuc le 13 septembre 1815. Ancien élève de l'École de Saint-Cyr, envoyé comme soldat au 5e léger pour sa participation au complot d'avril dans l'intérieur de la maison, sous-officier démissionnaire, élève d'architecture à l'École des Beaux-Arts, licencié en droit. Membre du comité des affaires étrangères. Il s'est fait remarquer dans l'affaire du 15 mai par son courage et sa résolution. Il a voté pour les deux Chambres et le vote à la commune, pour la réduction de l'impôt du sel, pour la suppression des clubs, contre celle de l'indemnité au commandant des gardes nationales de la Seine, et pour l'ordre du jour ministériel dans la discussion sur les affaires d'Italie.

CREUSE. — 6 REPRÉSENTANTS.

Ce département avait envoyé 7 représentants à la Constituante, 2 ont été réélus. — 4 nouveaux. — Non réélus, MM. De Saincthorent, Lassare, Lecler, Leyraud et Sallandrouze.

DELAVALLADE, élu le cinquième à la Législative. Médecin homéopathe. Il a été porté par les démocrates-socialistes de l'école de M. Pierre Leroux, qui a fondé une imprimerie dans la Creuse et qui a fait une propagande très active dans ce département.

FAYOLLE (EDMOND), élu à la Constituante par 22,000 suffrages, réélu le sixième à la Législative. Né à Guéret en 1810. Avocat. Il était républicain avant février, et après la révolution il a combattu la candidature de son beau-père, M. Leyraud, qu'il ne jugeait pas assez sympathique au régime républicain. A l'Assemblée, il faisait partie du comité de l'intérieur. Il a voté pour le droit au travail, contre les deux Chambres, contre la proposition Rateau, pour la diminution de l'impôt du sel. Il appartenait à la réunion du Palais-National.

GUIZARD, élu à la Constituante par 21,000 suffrages, réélu le premier à la Législative. Né en 1805. Médecin à Guéret. En 1830, il se battit courageusement et fut décoré de juillet. Lorsqu'en 1832 le choléra éclata à Paris, il fut désigné par ses collègues pour aller étudier et conjurer le terrible fléau. A la révolution de février, connu depuis longtemps pour ses opinions avancées, il fut désigné par le comité central républicain de la Creuse comme commissaire du département. A la Constituante, il faisait parti du comité de l'intérieur. Il a voté pour le droit au travail, contre les deux Chambres, pour le crédit foncier, contre la proposition Rateau, pour la diminution de l'impôt du sel, contre la loi sur les clubs, et généralement avec les représentants qui se réunissaient au Palais-National. Il était porté sur la liste des démocrates-socialistes.

LEROUX (JULES), élu le troisième à la Législative. Homme de lettres, âgé d'environ quarante ans, frère de M. Pierre Leroux, dont il partage complétement les doctrines socialistes. M. Jules Leroux a assisté à un grand nombre de banquets qui ont eu lieu dans Paris depuis l'élection du 10 décembre. Il y a prononcé plusieurs discours.

MOREAU, élu à la Législative le deuxième. Médecin, partisan des doctrines socialistes. Il a été porté à la représentation par les démocrates-socialistes de son département. Il a voté à l'Assemblée législative pour l'enquête parlementaire sur les élections de l'Aude.

NADAUD (MARTIN), élu le quatrième à la Législative. Ouvrier maçon, président du club des habitants de la Creuse à Paris. Né à Lannartinesche (Creuse) en 1815. Il est venu à Paris en 1830. Il travaillait à la construction de la mairie du 12e arrondissement, lorsqu'il fut nommé représentant dans son département. Il appartenait à l'opinion des communistes icariens, mais ses idées se sont modifiées, et il doit être maintenant classé parmi les républicains démocrates-socialistes. Il a signé la mise en accusation du ministère, dans la séance du 11 juin dernier.

DORDOGNE. — 10 REPRÉSENTANTS.

Ce département avait envoyé à la Constituante 12 représentants, 4 ont été réélus. — 6 nouveaux. — Non réélus, MM. Barailler, Dezeimeris, Dupont, Dussolier, Goubie, Grollier-Desbrousses, Lacrouzille, Savy, Taillefer.

CHAVOIX (JEAN-BAPTISTE), élu à la Constituante par 33,978 voix, réélu le premier par 62,184 voix. Né à Excideuil, arrondissement de Périgueux, le 24 août 1805; médecin, membre du conseil général.

En 1826, il fut un des lauréats de l'Ecole de médecine, et il était reçu docteur à vingt-deux ans. Après la révolution de juillet, il fut appelé au conseil municipal et, presqu'en même temps, désigné pour remplir les fonctions d'adjoint au maire d'Excideuil. En 1836, il fut nommé maire de cette ville et membre du conseil général pour les cantons d'Excideuil et d'Hausefer. Il était médecin du général Bugeaud. En 1846, il se présenta comme candidat de l'opposition, contre M. Bugeaud, qui n'eut qu'une majorité de seize voix. M. Chavoix fut alors destitué de ses fonctions de maire. A l'Assemblée constituante, il faisait partie du comité de l'intérieur, dont il était le secrétaire. Il a voté pour le droit au travail, contre les deux Chambres, contre la proposition Rateau, pour la diminution de l'impôt du sel, et généralement avec les représentants qui se réunissaient au Palais-National. Il est un de ceux qui ont le plus contribué au renversement de la Commission exécutive et à l'élévation du général Cavaignac. Il était porté sur la liste des candidats démocrates-socialistes.

DELBETZ, élu à la Constituante par 36,332 voix, réélu le troisième par 61,288 voix. Né à Eymet le 19 mars 1818. Fils d'un ministre protestant, il vint étudier la médecine à Paris, où il fut reçu docteur en 1842. Il rentra dans son pays natal pour y exercer sa profession. A la révolution de février, il fut nommé sous-commissaire de la république pour l'arrondissement de Bergerac. A la Constituante, il faisait partie du comité de l'intérieur. Il a voté pour le droit au travail, contre les deux Chambres, contre la proposition Rateau, pour la diminution de l'impôt du sel, pour la mise en accusation du ministère du 10 décembre. Il appartenait aux représentants de la Montagne

DUCLUZEAU, élu à la Constituante par 35,903 voix, réélu le deuxième par 61,408 voix. Né à Ribérac en 1778. Médecin, ancien maire, ancien député.

Il siégeait sur les bancs de l'opposition dans la Chambre des députés, dont il a fait partie pendant quelques années après la révolution de juillet. A la Constituante, il était membre du comité de l'intérieur. Il a voté pour le droit au travail, contre les deux Chambres, contre le vote à la commune, contre la proposition Rateau, contre les lois sur les clubs, pour la diminution de l'impôt du sel, et la mise en accusation du ministère du 10 décembre. Il appartenait à la réunion du Palais-National. Il était porté candidat sur la liste des démocrates-socialistes.

DUFRAISSE (MARC), élu le huitième par 59,776 voix. Ancien membre de la société des Droits de l'homme en 1832. Il a toujours appartenu au parti républicain. On a publié une lettre qu'il avait écrite à l'occasion de l'attentat de Fieschi, dans laquelle il manifestait des sympathies pour Morey et Pépin. Nommé commissaire général pour plusieurs départements, par M. Ledru-Rollin; puis préfet de l'Indre, par M. Recurt; il fut destitué sous le gouvernement du général Cavaignac, par M. Sénard. Il siégera à la Montagne.

DULAC, élu le cinquième par 60,445 voix. Propriétaire, âgé de trente-huit à quarante ans. Démocrate-socialiste; homme doux et modéré d'ailleurs. Il a dit dans sa profession de foi qu'il préférerait voir périr dix mille hommes dans la guerre civile que de voir tomber une seule tête sur l'échafaud. Suivant lui, lorsqu'une nation se trouve séparée en deux parties hostiles, la question ne peut se décider que par les armes, et le vaincu doit céder la place au vainqueur et aller chercher une autre patrie.

JOLLIVET, élu le septième par 60,060 voix. Médecin à Nontron, membre du conseil général depuis février. Il a été nommé par les républicains démocrates-socialistes du département.

LAMARQUE, élu le neuvième par 59,330 voix. Ancien maître de forges, industriel, âgé d'environ trente-deux ans. Il a été commissaire du gouvernement provisoire dans la Dordogne avec M. Latrade. Sous le dernier gouvernement monarchique, il professait des opinions libérales ; cependant on lui a reproché d'avoir sollicité une place de payeur. Porté par les républicains démocrates-socialistes, il siégera à la Montagne.

MARC-MONTAGUT, élu le sixième par 60,289 voix. Ancien élève de l'École de Grignon, cultivateur, il a été porté sur liste des candidats démocrates-socialistes. Il siégera, dit-on, à la Montagne.

MIE (AUGUSTE), élu à la Constituante dans les réélections de juin en remplacement de M. de Lamartine, réélu le quatrième par 61,110 voix. Né à Périgueux le 17 octobre 1801. Ancien carbonaro, il combattit en juillet 1830. Imprimeur du journal *la Tribune,* il fut dépouillé de son brevet en 1832. Il fut compromis dans les troubles d'avril 1834. M. Mie a subi, sous le dernier gouvernement, vingt-cinq procès en cours d'assises et quatre en police correctionnelle. Deux fois seulement, il est vrai, des condamnations ont été obtenues contre lui. A la Constituante, il a voté pour le droit au travail, contre les deux Chambres, pour le remplacement militaire, pour la diminution de l'impôt du sel. Il a presque toujours voté avec les représentants de la Montagne.

SAINT-MARC RIGAUDIE, élu le dixième par 58,985 voix. Propriétaire, membre du conseil général ; républicain de la veille, il fut nommé par M. Ledru-Rollin commissaire du gouvernement provisoire dans le département de Lot-et-Garonne. Sous le ministère Recurt, il fut nommé préfet des Vosges, mais les réclamations de quelques représentants de ce département le firent révoquer définitivement. Il était porté sur la liste des démocrates-socialistes.

DOUBS. — 6 REPRÉSENTANTS.

Ce département avait envoyé à la Constituante 7 représentants, 4 ont été réélus. — 2 nouveaux. — Non réélus, MM. Convers, Mauvais et Tranchard. —Electeurs inscrits, 81,975.

BARAGUEY-D'HILLIERS, général de division, élu à la Constituante par 31,933 suffrages, réélu le deuxième par 34,913. Né à Paris le 6 septembre 1795. Nommé gouverneur de l'École de Saint-Cyr en 1832, il réprima un complot républicain qui avait pris naissance dans l'École. Plus tard, il fut envoyé en Afrique, où, dans plusieurs combats, il déploya une grande bravoure personnelle. A la révolution de février, il commandait la ville de Besançon, et en cette qualité, il s'opposa énergiquement aux commissaires du gouvernement provisoire. Il a fort peu de sympathie pour la révolution. Président de la réunion de la rue de Poitiers, il ne cache pas ses tendances réactionnaires. Ses votes dans l'Assemblée constituante ont été constamment hostiles au mouvement républicain.

BIXIO, élu à la Constituante par 25,863 suffrages, réélu le quatrième par 31,637. Né à Chiavari (Italie), le 20 novembre 1808. Il vint en France très jeune, étudia la médecine et les sciences naturelles. En 1830, il se battit pour la liberté et fut décoré de juillet. Il publia, avec le concours de plusieurs savants agriculteurs, un livre très important ayant pour titre : *La Maison rustique au XIXe siècle*. En février, il fut nommé, par M. Pagnerre, chef du secrétariat du gouvernement provisoire. Puis, il fut envoyé par M. de Lamartine, comme ministre plénipotentiaire, à Turin ; il remplit cette mission avec une grande distinction, jusqu'au moment où le département du Doubs le nomma son représentant. A la Constituante, il faisait partie du comité des affaires étrangères. Dans les malheureuses et sanglantes journées de juin, M. Bixio, mû par un louable sentiment d'humanité, voulut arrêter cette lutte fratricide. Il alla sur les barricades pour faire cesser le combat et reçut une balle en pleine poitrine. Guéri de sa blessure, il fut nommé vice-président de l'Assemblée. Appelé au ministère du 20 décembre comme ministre du commerce, il donna sa démission dix jours après. Il a voté contre le droit au travail, pour les deux Chambres, pour la proposition Rateau, contre la diminution de l'impôt du sel. Il appartenait au parti républicain modéré de la Constituante qui se réunissait à l'Institut.

DEMESMAY, élu à la Constituante par 48,443 suffrages, réélu le premier par 39,396. Né à Pontarlier en 1805. Ancien député, homme de lettres et négociant, il s'est fait une bonne réputation de capacité et une belle fortune. A la mort du philosophe Jouffroy, en 1842, il fut envoyé à la Chambre des députés par le collége électoral de Pontarlier. Il faisait partie des conservateurs intelligents et progressifs. Honnête et consciencieux, il attacha son nom à la question de la suppression de l'impôt du sel, que la Chambre des députés adopta et que la Chambre des pairs repoussa. Il fit sur ce sujet plusieurs brochures remarquables. Après la révolution de février, M. Demesmay s'est rallié à la république modérée. A l'Assemblée, il continua de s'occuper de la question à laquelle il s'était dévoué, et demanda, au mois de décembre 1848, que la loi du 15 avril 1848 sur l'impôt du sel fût suspendue jusqu'au 1er février. Il était membre du comité d'agriculture et il a constamment voté avec la partie modérée de la Constituante.

MONTALEMBERT (DE), élu à la Constituante par 22,552 suffrages, réélu le troisième par 32,702 voix. Il a été également élu dans les Côtes-du-Nord (voir sa notice dans ce département).

MOUSTIER (LÉONEL DE), élu le cinquième par 23,049 voix. Membre du conseil général, il lui avait proposé à sa dernière session de se réunir au chef-lieu du département, sans convocation quelconque de l'autorité, pour prendre en main la direction des affaires du département et résister à Paris, si Paris tombait au pouvoir des républicains ardents et des socialistes. M. de Moustier est dévoué aux intérêts catholiques. C'est un propriétaire très riche.

PIDOUX (VICTOR), élu le sixième par 21,501 voix. Avocat; catholique. Il était légitimiste avant la révolution de février, mais il a déclaré qu'il se soumettait à la constitution républicaine et au gouvernement proclamé par six millions de suffrages. Sa candidature a été combattue faiblement par les anciens conservateurs et fortement par les républicains démocrates.

DRÔME. — 7 REPRÉSENTANTS.

Ce département avait envoyé à la Constituante 8 représentants, 6 ont été réélus. — 1 nouveau. — Non réélus, MM. Bonjean et Morin. — Electeurs inscrits, 94,766.

BAJARD, élu à la Constituante par 34,744 suffrages, réélu le cinquième par 42.292 voix. Né en 1793 à Saint-Donat (Drôme). De 1815 à 1820 il a étudié la médecine à Paris et s'est fait recevoir docteur. En 1821 il entra dans la société des Carbonari. Après juillet, il fut membre de la société des Droits de l'homme et il a présidé la société républicaine de Romans. Il devint chef de bataillon de la garde nationale en 1834. Il salua la révolution de février avec enthousiasme. A la Constituante, il faisait partie du comité des affaires étrangères. Il a voté pour le droit au travail, contre les deux Chambres, pour la diminution de l'impôt du sel, contre la proposition Rateau, contre la loi sur les clubs, pour la mise en accusation du ministère du 20 décembre. Il appartenait au parti des représentants qui se réunissaient au Palais-National et qui ont fait une opposition radicale au gouvernement du président de la république.

BANCEL fils, élu le septième par 41,104 voix. Avocat à Valence. C'est un jeune homme d'une trentaine d'années. Il n'était pas républicain avant la révolution de février. Depuis, il est devenu partisan du fouriérisme et a fait un actif prosélytisme parmi les artilleurs en garnison dans sa ville natale. Il a aussi gagné au socialisme un grand nombre d'ouvriers en ouvrant des cours. Il est orateur, poëte et auteur d'une brochure sur le crédit hypothécaire.

BELIN, élu à la Constituante par 25,114 suffrages, réélu le sixième par 41,545. Né à Valence en 1810. Il est avocat, et depuis quatre ans fixé au barreau de Lyon. A la Constituante, il a voté contre le droit au travail, contre les deux Chambres, contre la proposition Rateau, pour la diminution de l'impôt du sel, contre la loi sur les clubs, pour la mise en accusation du ministère du 20 décembre. Il faisait partie du comité de l'agriculture et du crédit foncier. Il était de la nuance des représentants qui se réunissaient au Palais-National. Il a été porté sur la liste des républicains-socialistes.

CURNIER, élu à la Constituante par 33,508 suffrages, réélu le deuxième par 43,330 voix. Né à Valence en 1817. Propriétaire, licencié en droit. Il remplissait les fonctions d'adjoint au maire lorsqu'éclata la révolution de février. Le commissaire de la république le nomma maire de Valence. Plus tard, il fut aussi nommé commissaire du gouvernement provisoire. A la Constituante, il faisait partie du comité de l'Instruction publique. Il a voté pour le droit au travail, contre les deux Chambres, contre la proposition Rateau, contre la loi sur les clubs, pour la diminution de l'impôt du sel, pour la mise en accusation du ministère du 20 décembre. Il appartenait à la nuance des représentants qui tenaient leur réunion au Palais-National.

MATHIEU (de la Drôme), élu à la Constituante par 37,853 suffrages, réélu le quatrième par 42,762 voix; il a été également élu à Lyon. Né à Saint-Christophe-le-Lacy le 7 juin 1808. Homme de lettres, agriculteur et économiste. Il était parvenu à fonder à Romans un *Athénée de belles-lettres*. Mais les autorités s'en effrayèrent et firent fermer l'athénée. Il fonda alors une revue sous le titre de *la Voix d'un solitaire*. En 1847 il assista au banquet réformiste de Romans et y prononça un discours très énergique. A la Constituante, il faisait partie du comité des affaires étrangères. Il a pris une large part à tous les travaux de l'Assemblée et y a prononcé beaucoup de discours sur un grand nombre de questions importantes. Il a soutenu les doctrines socialistes. Il a voté pour le droit au travail, contre les deux Chambres, contre la proposition Rateau, pour la diminution de l'impôt du sel, enfin pour la mise en accusation du ministère du 20 décembre. Il faisait partie de la réunion de la Montagne et était membre du conseil central de la Solidarité républicaine.

REY, élu à la Constituante par 34,173 suffrages, réélu le troisième par 42,904 voix. Né à Aurel (Drôme) en 1803. Propriétaire, membre du conseil général de la Drôme et maire de la ville de Saillant depuis 1836. Il était avant cette époque commandant de la garde nationale. Sous le ministère de M. Humann, M. Rey, comme maire, a refusé de prêter son concours à l'exécution de la loi sur le recensement; ce refus lui valut, de la part de l'administration, des menaces de poursuites, d'ailleurs restées sans effet. A la Chambre, M. Rey était membre du comité de l'instruction publique. Il a voté pour le droit au travail, contre les deux Chambres, contre la proposition Râteau, pour l'impôt du sel, contre la loi sur les clubs, pour la mise en accusation du ministère du 20 décembre. Il était de la nuance des représentants qui se réunissaient au Palais-National, et a été porté sur la liste des républicains montagnards.

SAUTAYRA, élu à la Constituante par 34,878 suffrages, réélu le premier par 43,689. Né à Montélimart en 1804. Petit-fils de conventionnel, il était républicain avant février. En 1835, il donna asile, à Montélimart, à un des condamnés politiques de Lyon, M. Reverchon. Après la révolution de février, il fut nommé sous-commissaire de la république par M. Ledru-Rollin. A la Constituante, il a pris une part assez active à toutes les discussions politiques. Il était membre du comité de l'agriculture et du crédit foncier. Il a voté contre le droit au travail, contre les deux Chambres, contre la proposition Râteau, contre la loi sur les clubs, pour la mise en accusation du ministère du 20 décembre. Il appartenait à la nuance des représentants qui se réunissaient au Palais-National. C'est un ancien courtier d'assurances. Il était porté sur la liste des républicains montagnards.

EURE. — 9 REPRÉSENTANTS.

Ce département avait envoyé 11 représentants à la Constituante, 2 réélus. — 7 nouveaux. — Non réélus, MM. Alcan,

Canel, Davy, Dumont, Dupont (de l'Eure), Langlois, Legendre, Montreuil et Picard.—Électeurs inscrits, 125,952 ; — votants, 93,000.

BROGLIE (DE), élu le quatrième par 55,021 voix. Ancien pair de France, ancien vice-président de la Chambre des pairs, ancien président du conseil des ministres sous la dernière dynastie. Il était un des principaux chefs du parti conservateur et doctrinaire. La vie politique du duc de Broglie a eu trop de retentissement pour que nous ne laissions pas à nos lecteurs le soin de l'apprécier ; ils la trouveront d'ailleurs dans toutes les biographies. Il était un des quinze membres du comité électoral de la rue de Poitiers, et sera un des chefs de la droite dans la nouvelle Assemblée législative.

DEMANTE (ANTOINE-MARIE), élu à la Constituante; réélu le cinquième par 54,168 voix. Né à Paris, le 26 septembre 1789. Reçu docteur en droit en 1810, il fut nommé en 1819, après un brillant concours, professeur suppléant à la Faculté de Paris. En 1821, il passait professeur en titre. En 1830, il publia son cours du Code civil. Il fut nommé chevalier de la Légion d'honneur en 1843, et officier en 1846 ; il a été appelé à la haute commission des études de droit. A l'Assemblée constituante, il était membre du comité de l'instruction publique. Il a voté contre le droit au travail, pour les deux Chambres, pour le vote à la commune, pour la proposition Rateau, contre la mise en accusation du ministère. Il appartenait à la nuance des représentants qui se réunissaient rue de Poitiers.

FONTENAY (DE), élu le neuvième par 45,743 voix. Ancien manufacturier, ancien membre du conseil général ; sous la dynastie déchue, il appartenait au parti conservateur ; mais il suivra la direction politique de M. Hippolyte Passy, son ami particulier.

LEFEBVRE-DURUFLÉ, élu le sixième par 53,568 voix. Ancien manufacturier, membre du conseil général de l'Eure ; il appartenait, sous le dernier gouvernement monarchique, au parti conservateur.

LEGRAND (DE GUITRY), élu le huitième par 52,697 voix. Propriétaire cultivateur ; membre du conseil général ; ancien conservateur modéré de la nuance de M. Antoine Passy frère du ministre des finances

PASSY (HIPPOLYTE), élu le premier par 56,854 voix. Ministre des finances du 10 décembre, ancien pair de France, ancien député, ancien ministre des finances du 22 février sous la monarchie déchue, membre de l'Académie des sciences morales et politiques. Elu député en 1830, il appuya le ministère de Casimir Périer, et, depuis, il fit partie du centre gauche. Sa vie politique est trop connue pour que nous ayons besoin d'en rapporter ici les détails. Il a sincèrement accepté la république, et, depuis qu'il est au ministère, il s'est complétement associé à la politique de M. Odilon Barrot. Il a conservé son portefeuille dans le cabinet du 2 juin.

SEVAISTRE (PAUL), élu à la Constituante par 52,773 voix ; réélu le deuxième par 56,468 voix. Ancien président de la chambre de commerce d'Elbeuf, ancien commandant de la garde nationale. Il a pris plusieurs fois la parole à l'Assemblée, notamment dans la question des clubs qu'il a violemment attaqués. Il s'est montré très hostile au gouvernement provisoire et à la commission exécutive. Il a constamment voté avec la partie la moins républicaine de l'Assemblée.

SUCHET (D'ALBUFÉRA), élu le troisième par 55,708 voix. Propriétaire, membre du conseil général de l'Eure ; âgé de trente-six ans environ ; il est fils du maréchal Suchet d'Albuféra, auquel il succéda à la Chambre des pairs. Il appartenait au parti conservateur.

VATIMESNIL (LEFEBVRE DE), élu le septième par 53,368 voix. Avocat; il était substitut du procureur du roi au tribunal de la Seine en 1815, substitut du procureur général en 1817, avocat général à la Cour de cassation en 1824; nommé député en 1826, il devint ministre de l'instruction publique sous le ministère Martignac; il fit partie de la Chambre des députés pendant les premières années de la monarchie de juillet; il était alors classé parmi les légitimistes ralliés et votait constamment avec le ministère.

EURE-ET-LOIR. — 6 REPRÉSENTANTS.

Ce département avait 7 représentants à la Constituante, 3 ont été réélus. — 3 nouveaux. — Non réélus, MM. Isambert, Marescal, Trousseau et Raimbault.

BARTHÉLEMY, élu à la Constituante par 57,528 voix, réélu le quatrième par 21,953 voix. Né à Paris, le 18 avril 1802, fils d'un receveur de l'enregistrement et des domaines. Jusqu'en 1829 il exerça dans la capitale la profession d'imprimeur, et il y a laissé les souvenirs les plus honorables. Puis il se retira dans une de ses propriétés à Bailleau-L'Évêque; il fut nommé maire de sa commune en 1830, et membre du conseil général d'Eure-et-Loir en 1836. Porté cette même année, comme candidat de l'opposition, contre M. Chasles, candidat ministériel. Lors de la campagne réformiste que l'on fit avant février, M. Barthélemy, assista et prononça un discours au banquet de Chartres. Lors de la révolution de février, nommé commissaire de la république par le gouvernement provisoire, il sut s'acquitter de ses fonctions avec zèle et talent. Actionnaire du journal *le National*, et partisan du général Cavaignac, il a souvent voté contre le ministère du 20 décembre. Il faisait partie de la réunion du Palais-National.

DESMOUSSEAUX DE GIVRÉ, élu le sixième par 21,117 voix. Né en 1802, ancien député. Il était employé dans la diplomatie sous la restauration ; après 1830, il fut nommé secrétaire à l'ambassade d'Angleterre. En 1837 il fut envoyé à la Chambre des députés par le collége électoral de Dreux. Il vota longtemps avec le parti conservateur, mais, vers la fin, il attaqua le ministère Guizot, et, dans un discours vif et spirituel, il fit entendre ces trois mots devenus célèbre : *Rien! rien! rien!* Il faisait alors partie de cette toute petite phalange qu'on nommait les conservateurs progressistes.

LEBRETON, élu à la Constituante par 39,438 voix, réélu par 45,354 voix. Né en 1791 d'une famille de laboureur de la Beauce. Général de brigade. Il entra au service en 1813, comme volontaire, et gagna successivement tous ses grades. Il a servi plusieurs années en Afrique. Homme d'opinions modérées, il a loyalement accepté la république. Il a pris plusieurs fois la parole ; son élocution est facile et ne manque pas d'une certaine vigueur. Il a relevé avec énergie l'expression de *hochet* donnée à la croix de la Légion d'honneur, par M. Clément Thomas, qui était alors général en chef de la garde nationale. Pendant les journées de juin, le général Lebreton a dirigé en personne l'attaque du clos Saint-Lazare, une des forteresses les plus redoutables de l'insurrection ; il s'y est distingué par son courage et son humanité. Il fut alors nommé questeur en remplacement du malheureux général Négrier. Il a vivement combattu une illégalité commise par le général Lamoricière, ministre de la guerre, et a défendu le commandant Tombeur qui avait été forcé de déposer les armes sur la place des Vosges, et pour lequel il demandait la justice d'un conseil de guerre. Il a toujours voté avec le parti modéré.

NEY DE LA MOSKOWA, élu le deuxième par 26,805 voix. Fils du maréchal Ney, ancien pair de France, lieutenant-colonel de dragons, gendre de Laffitte. Il faisait partie de l'opposition dans la Chambre des pairs où il avait consenti à siéger parmi les juges de son père. Il a publié dans divers journaux plusieurs articles sur le papier-monnaie dont il est un des plus zélés partisans. Quoiqu'il ne fût point républicain avant la révolution de février, il a accepté la république et la constitution, et paraît entièrement dévoué au président de la république.

PARFAIT (NOEL), élu le troisième par 22,766 voix. Homme de lettres, auteur dramatique, poëte; républicain dès 1832, il faisait alors partie de diverses sociétés politiques; il fut poursuivi devant la Cour d'assises et condamné à la prison pour une satire en vers. C'est un jeune homme de trente-six ans. Il a été porté sur la liste des candidats modérés. Dans une des premières séances de l'Assemblée législative, il a demandé qu'on infligeât un blâme aux conseils généraux qui se sont immiscés dans les élections.

SUBERVIE (GEORGES-GERVAIS), élu à la Constituante par 58,565 voix, et réélu le cinquième par 21,769 voix. Né en 1776 à Lectoure. Général de division en retraite, membre du conseil général du Gers, ancien député. En 1792, il partit comme volontaire avec le maréchal Lannes. Enrôlé d'abord dans l'armée des Pyrénées, il fit toutes les campagnes de la république et de l'empire. Il était à la bataille de Waterloo, comme général de division. En 1824 il fut mis à la retraite. Le 29 juillet 1830, il acceptait le commandement de la première division militaire. En 1831, sa ville natale l'envoya à la Chambre des députés où il siégea à l'extrême gauche. En 1839 et 1842 il ne fut point réélu. En 1846, le collége de Nogent-le-Rotrou le renvoya de nouveau à la Chambre. Le 24 février, mandé à l'Hôtel-de-Ville de Paris, il s'y rendit en grand uniforme, et le Gouvernement provisoire lui donna le ministère de la guerre. Il y demeura pendant vingt-un jours, et il fut nommé grand chancelier de la Légion d'honneur. A la Constituante, il a voté contre le droit au travail, contre les deux Chambres, contre la proposition Rateau, pour la diminution de l'impôt du sel, pour la mise en accusation du ministère du 20 décembre. Il était membre du comité de la guerre. Il faisait partie de la nuance des représentants qui se réunissaient au Palais-National.

FINISTÈRE. — 13 REPRÉSENTANTS.

Ce département avait envoyé 15 représentants à la Constituante, 4 ont été réélus. — 9 nouveaux. — Non réélus, MM. Brunel, Decouvrant, Fauveau, Fournas, Graveran, Kersauson, Lebreton, Rivericulx, Rossel, Soubigou, Tassel. — Votants, 150,165.

BARCHOUX DE PENHOËN, élu à la Législative le sixième par 54,755 voix. Homme de lettres ; traducteur de plusieurs ouvrages de Kant et de quelques autres philosophes allemands. Il a été appuyé dans les élections par le parti modéré.

BLOIS (DE), élu le dixième par 50,934 voix. Avocat distingué, ancien magistrat. Il est catholique, partisan de la liberté de l'enseignement. Sous la branche cadette, il appartenait au parti légitimiste.

COLLAS DE LA MOTHE, élu à la Législative, le neuvième, par 51,574 voix. Il a été porté sur la liste des candidats modérés appuyés par la rue de Poitiers.

DUCOUÉDIC, élu à la Législative, le douzième, par 49,683 voix. C'est un propriétaire, dont les opinions sont celles d'avant la révolution de 1830. Porté sur la liste des modérés ; sa candidature a été appuyée par les légitimistes.

KERANFLECH (YVES-MICHEL-GILART DE), élu à la Constituante par 50,028 voix, réélu le septième par 53,354 voix. Né le 24 juin 1791 à Siribil (Finistère). Fils d'un gentilhomme mort dans l'émigration, il a achevé ses études et fait son droit à Paris. De 1818 à 1830, il a exercé les fonctions du ministère public à Brest, où il a été successivement substitut et procureur du roi. A la révolution de juillet, il donna sa démission et se retira à Morlaix. Quelque temps après, il fut nommé membre du conseil municipal et du bureau de bienfaisance. A la Constituante, il faisait partie du comité des cultes. Il a voté contre le droit au travail, pour les deux Chambres, pour le vote à la commune, pour la proposition Rateau, contre la diminution de l'impôt du sel, pour la loi sur les clubs, contre la mise en accusation du ministère du 10 décembre. Il appartenait à la nuance des représentants qui tenaient leurs réunions rue de Poitiers.

KÉRATRY, élu à l'Assemblée législative le treizième par 48,263 voix. Ancien député ; ancien pair de France ; homme de lettres ; âgé d'environ quatre-vingts ans. Sous la restauration, il faisait de l'opposition et appartenait au parti libéral ; il était un des fondateurs du banquet breton qui avait lieu annuellement à Paris, et qui était une sorte de manifestation périodique contre le gouvernement de Charles X. Surpris par la révolution de juillet qu'il ne désirait point, il se rallia complétement à la nouvelle dynastie, se prononça, à la Chambre des députés, pour l'hérédité de la pairie, combattit, comme rapporteur, la proposition Portalis sur l'abolition du

21 janvier, et celle d'Eusèbe Salverte sur la destination du Panthéon. Nommé pair de France, il vota constamment pour tous les ministères. Les légitimistes, qui le regardent comme un de leurs co-religionnaires politiques, ont vivement soutenu sa candidature à l'Assemblée législative.

LACROSSE, élu à la Constituante par 80,491 voix, réélu le premier par 78,370 voix. Né en 1794. Fils de l'amiral de ce nom, célèbre dans les guerres maritimes de la république et de l'empire; membre du conseil général du Finistère et chevalier de la Légion d'honneur. En 1809, il entrait dans l'armée navale en qualité d'aspirant. En 1813, il en sortait pour prendre du service dans la garde impériale. En 1815, il se retirait avec nos braves derrière la Loire, et quittait définitivement le service. Nommé colonel de la garde nationale de Brest en 1830, il entrait à la Chambre des députés en 1834; il siégea à la gauche et vota avec l'opposition dynastique. Il soutint le ministère du 1er mars et fut fidèle à M. Thiers. A sa chute, il rentra dans l'opposition. A la Constituante, il faisait partie du comité de la marine. Il a été nommé vice-président de l'Assemblée, et au 10 décembre, le président de la république lui confia le portefeuille du ministère des travaux publics, qu'il conserve dans le cabinet du 2 juin. Il s'est très sincèrement rallié au gouvernement républicain.

LAIMÉ, élu à l'Assemblée législative le dixième par 51,130 voix. Il était porté sur la liste des candidats du parti modéré.

LEFLO, élu à la Constituante aux élections supplémentaires, réélu le deuxième par 58,102 voix. Né en 1804 à Lesneven, arrondissement de Brest. Ancien élève de l'École militaire de Saint-Cyr, général de brigade, ambassadeur. En 1831, il débarquait sur les côtes de l'Algérie en qualité de lieutenant.

A la prise de Constantine, il était capitaine et sa conduite fut si éclatante qu'il fut promu au grade de chef de bataillon. A l'Assemblée constituante, il ne prit pas part à ses travaux, car il fut presque immédiatement envoyé comme ambassadeur près de l'empereur de Russie. A son retour, il a voté pour la suppression des clubs. Dans une des dernières séances, il a prononcé un discours très énergique sur la question de Rome. Il est un des trois questeurs de l'Assemblée législative.

MAZÉ-LAUNOY, élu à la Législative, le quatrième, par 55,700 voix. C'est un riche propriétaire. Il est membre du conseil général du département; il était porté sur la liste des candidats modérés.

MÈGE (JAMES), élu à la Constituante par 62,643 voix, réélu le cinquième par 55,588 voix. Né en 1808 à Sibiril. Ancien négociant à Roscoff. Il ne s'est jamais occupé de politique, cependant il était de l'opposition libérale avant février. Il s'est rallié à la république modérée. A la Constituante, il a voté contre le droit au travail, contre la suppression du remplacement militaire, pour la proposition Rateau, contre la diminution de l'impôt du sel, pour la loi sur les clubs, contre la mise en accusation du ministère du 20 décembre.

ROCQUEFEUIL, élu à l'Assemblée législative, le huitième, par 51,714 voix. On peut le classer parmi les membres de l'ancien parti légitimiste.

ROMAIN DES FOSSÉS, élu à la Législative, le troisième, par 55,384 voix. C'est un officier de marine très capable. Homme intelligent, il était porté sur la liste des candidats de la république modérée.

GARD. — 8 REPRÉSENTANTS.

Ce département avait envoyé à la Constituante 10 représentants, 5 ont été réélus. — 3 nouveaux. — Non réélus, MM. Bousquet, Demians, Favend, Reboul et Teulon. — Electeurs inscrits, 121,533.

BAUNE (DE), élu le sixième par 50,032 voix. Riche propriétaire de la côte du Rhône; âgé de quarante ans; il appartenait au parti légitimiste.

BÉCHARD (FERDINAND), élu à la Constituante par 55,418 voix, réélu le quatrième par 50,740 voix. Né en 1799 à Nîmes. Avocat à la cour de cassation, ancien député. En 1833, il devint membre du conseil général du département du Gard. En 1836, il publia un *Essai sur la Centralisation administrative*. Nommé député en 1837, il alla s'asseoir sur les bancs de l'opposition de droite où il resta jusqu'en 1846. Ami de M. de Genoude, il écrivit pendant quelque temps dans la *Gazette de France*. A la Constituante, il était membre du comité de l'instruction publique. Il a voté contre le droit au travail, pour les deux Chambres, contre la suppression du remplacement militaire, pour la proposition Rateau, pour la loi sur les clubs, contre la mise en accusation du ministère du 20 décembre. Il a pris une part active à tous les travaux de la Chambre et a parlé quelquefois. Il appartenait à la nuance de la rue de Poitiers; ses opinions légitimistes sont bien connues; il est surtout l'adversaire prononcé de la centralisation.

BENOIST (DENIS), élu le premier par 52,514 voix. Ancien député légitimiste sous le gouvernement de la branche cadette, ancien inspecteur des finances sous M. de Villèle; il vient d'être élu un des vice-présidents à l'Assemblée législative. Il était choisi par la réunion du conseil d'État qui a succédé à la réunion de la rue de Poitiers.

CHAPOT, élu à la Constituante par 50,026 voix, réélu le cinquième par 50,597 voix. Né au Vigan en 1814. Avocat qui ne manque pas de mérite, mais dont la vie politique n'a commencé qu'à l'avénement de la république. A la Constituante, il était membre et secrétaire du comité des cultes. Il a voté contre le droit au travail, pour les deux Chambres, pour le vote à la commune, pour la proposition Rateau, contre la diminution de l'impôt du sel, pour la loi sur les clubs, contre la mise en accusation du ministère du 10 décembre. Il fait parti de la nuance des représentants qui se réunissaient rue de Poitiers, et il a été porté sur la liste des légitimistes.

LABRUGUIÈRE-CARME, élu à la Constituante par 51,404 voix, réélu le septième par 49,658 voix. Né à Uzès en 1790. Ancien officier supérieur sous l'empire, colonel de la garde nationale d'Uzès. Jouissant d'une assez belle fortune. A la Constituante il faisait partie du comité de la guerre. Il a voté contre le droit au travail, contre les deux Chambres, pour le vote à la commune, pour la proposition Rateau, contre la diminution de l'impôt du sel, contre la mise en accusation du ministère du 20 décembre. Il appartenait à la rue de Poitiers, et il a été appuyé dans les élections à la Législative par le parti légitimiste du Gard.

LARCY (DE), élu à la Constituante par 55,491 voix, réélu le troisième par 50,808 voix. Né au Vigan en 1805. Il entra dans la magistrature à vingt-deux ans en qualité de juge auditeur, et fut nommé, en 1829, substitut du procureur du roi à Arles. En 1830, il donna sa démission. En 1831, il publia une brochure ayant pour titre : *La Révolution et la France*. En 1833 il fut élu membre du conseil général du département. En 1839, il fut envoyé à la Chambre des députés où il siégea sur les bancs de l'opposition de droite. En 1844, il fut un des cinq députés qui allèrent à Belgrave-Square pour voir Henri V. Il succomba aux élections de 1846. A la Constituante, il a voté contre le crédit foncier, contre le remplacement militaire, pour la proposition Rateau, contre la diminution de l'impôt du sel, pour la loi sur les clubs, contre la mise en accusation du ministère du 20 décembre. Il était membre du comité des finances. Il appartenait à la réunion de la rue de Poitiers, et faisait partie de son comité électoral.

ROUX-CARBONNEL, élu à la Constituante par 51,546 voix, réélu le deuxième par 52,383 voix. Né à Nîmes en 1788. Président du tribunal de commerce et membre du conseil municipal de Nîmes, ancien manufacturier. A la Constituante, il faisait partie du comité du commerce et de l'industrie. Il a voté contre le droit au travail, pour les deux Chambres, pour le vote à la commune, pour la proposition Rateau, pour la diminution de l'impôt du sel, contre la mise en accusation du ministère du 20 décembre. Il appartenait à la nuance des représentants qui se réunissaient rue de Poitiers ; il a été porté sur la liste des candidats du parti légitimiste.

SURVILLE (DE), élu le huitième par 49,510 voix. Fils du receveur général du Gard ; âgé de quarante ans environ ; il était porté sur la liste des candidats présentés par le parti légitimiste.

GARONNE (HAUTE-). — 10 REPRÉS.

Ce département avait envoyé à la Constituante 12 représentants ; 4 ont été réélus. — 6 nouveaux. — Non réélus, MM. Azerm, Calès, Gatien-Arnoult, Joly, Armand Marrast,

Mulé, Pagès (de l'Ariége) et Pegot-Ogier. — Electeurs inscrits, 159,000 ; votants, 94,485.

CASTILLON SAINT-VICTOR, élu le dixième par 50,577 voix. Riche propriétaire; l'un des fondateurs de la *Gazette du Languedoc* ; légitimiste de la nuance de M. de Genoude. Il a pris la parole dans la séance du 30 mai pour attaquer la nationalité de M. Antony Thouret.

DABEAUX, élu à la Constituante par 53,469 voix, réélu le premier par 62,882 voix. Né à Aurignac le 18 mai 1796. Il a exercé la profession d'avocat à Saint-Gaudens depuis 1823. Élu depuis 1833 au conseil général de la Haute-Garonne, il a demandé, dès la première session de 1834, la publication des séances par la voie de la presse. Cette proposition a été enfin accueillie en 1838. En 1841, il combattit la mesure du recensement. Il soutint à la session de 1847 le droit des conseils généraux d'émettre des vœux sur les questions politiques et notamment en faveur de la réforme électorale. A la Constituante, il faisait partie du comité de la justice. Il a voté contre le droit au travail, contre les deux Chambres, pour le vote à la commune, pour la proposition Rateau, pour la diminution de l'impôt du sel, pour la loi sur les clubs, contre la mise en accusation du ministère du 20 décembre. Il a souvent pris la parole et s'est montré assez hostile au gouvernement provisoire et à la commission exécutive. Il appartenait à la nuance modérée de l'Assemblée.

ESPINASSE (JEAN-MARIE-HENRI DE L'), élu à la Constituante par 42,970 voix, réélu le quatrième par 59,226 voix. Né en 1784 à Toulouse. Il entra de bonne heure au service, débuta comme simple soldat, fit les campagnes de l'empire, fut décoré de la main de Napoléon, et revint avec l'épaulette de capitaine de dragons. Mis en non activité après le licenciement de l'armée, il fut incorporé en juillet 1815 dans un régiment de cavalerie légère où il devint chef d'escadron. Admis dans la maison militaire du roi, la révolution de juillet le trouva adjudant-major dans les gardes du corps. Il accompagna jusqu'à Cherbourg la famille de Charles X. Il reprit du service comme colonel, et lors de la campagne d'Anvers, il commandait le quartier-général de l'armée, sous les ordres du maréchal Gérard. Nommé député en 1837, il appartint à l'opposition légitimiste. A la Constituante il a voté contre le droit au travail, pour les deux Chambres, pour le vote à la commune, contre la mise en accusation du ministère. Il était membre du comité des cultes. Il a pris plusieurs fois la parole dans la discussion du budget de la guerre. Il appartenait à la réunion de la rue de Poitiers.

FOURTANIER, élu le troisième par 60,032 voix. Avocat distingué ; ancien conseiller de préfecture sous l'administration de M. Napoléon Duchâtel ; il s'était porté candidat conservateur dans l'arrondissement de Villefranche, sous la monarchie déchue ; mais il ne fut pas élu. Il a été nommé maire de Toulouse, après le banquet dénoncé à la tribune par M. Denjoy, sous le ministère de M. Dufaure. Il est âgé de cinquante à cinquante-cinq ans.

GASC, élu le cinquième par 58,228 voix. Ancien bâtonnier des avocats ; homme de beaucoup de talent ; il appartenait à l'opinion libérale, sous la monarchie déchue ; il a été défenseur de Léotade, et c'est probablement ce qui lui a valu d'être porté dernièrement aux élections par le parti légitimiste

LIMAYRAC (DE), élu le neuvième par 56,209 voix. Propriétaire très riche ; il a été substitut sous la restauration ; catholique fervent, sa canditature a été vivement appuyée par l'archevêché et le parti légitimiste. Il est fils d'un ancien préfet du département de la Haute-Garonne, sous la restauration. Il est âgé de quarante-cinq ans environ.

MALBOIS (JEAN-FRANÇOIS), élu à la Constituante par 44,960 voix, réélu le septième par 57,934 voix. Né le 19 mai 1787 à l'Isle-en-Dodon (Haute-Garonne). Il se destinait à l'École polytechnique, lorsqu'il fut appelé sous les drapeaux le 24 juin 1807, comme vélite dans les chasseurs à cheval de la garde impériale. De 1808 à 1811, il a fait les guerres d'Allemagne et d'Espagne. Depuis cette époque jusqu'en 1814, il a continué à servir comme lieutenant au 31e de chasseurs à cheval. Ayant déposé les armes à la restauration, il fut maire dans son pays natal de 1817 à 1827, et membre du conseil général du département depuis 1834. Il a appartenu à l'opposition constitutionnelle très avancée. A la révolution de février, il fut nommé président de la commission municipale de son canton. A l'Assemblée, il a voté contre le droit au travail, contre les deux Chambres, contre la proposition Rateau, contre la mise en accusation du ministère, pour la loi sur les clubs. Il était membre du comité de l'agriculture et du crédit foncier, et faisait partie de la nuance modérée de la Constituante.

RAQUETTE, élu le huitième par 57,311 voix. Ancien magistrat sous la restauration, il a conservé les opinions qu'il avait alors, et a été très vivement soutenu dans les dernières élections par le parti légitimiste.

RÉMUSAT (FRANÇOIS-MARIE-CHARLES DE), élu à la Constituante par 43,840 voix, réélu le deuxième par 62,413 voix. Né en 1797, il est le fils de l'ancien chambellan de Napoléon, petit-fils de Lafayette, et neveu de Casimir Périer. Dans les premières années qui suivirent la révolution de juillet, M. Rémusat appartenait à l'école doctrinaire dont M. Guizot était le chef ; mais, après la coalition, il s'en retira pour entrer dans le centre gauche ; c'est ainsi qu'il devint ministre de l'intérieur dans le cabinet du 1ᵉʳ mars ; il quitta son portefeuille le 29 octobre, et rentra dans l'opposition du centre gauche. C'est lui qui proposa l'exclusion des fonctionnaires publics de la Chambre. A la Constituante, il était membre du comité de la guerre dont il était le vice-président. Il a voté contre le droit au travail, pour les deux Chambres, pour le vote à la commune, contre la mise en accusation du ministère du 20 décembre. Il faisait partie de la réunion de la rue de Poitiers, et il était membre de son comité électoral.

TRON, élu le sixième par 58,055 voix. Jeune avocat très riche ; maire de Bagnères-de-Luchon ; il était libéral sous le dernier gouvernement ; il appartient au parti modéré.

GERS. — 7 REPRÉSENTANTS.

Ce département avait envoyé 8 représentants à la Constituante, 3 ont été réélus. — 4 nouveaux. — Non réélus, MM. Alem-Rousseau, Aylies, Boubée, David et Gounon. — Electeurs inscrits, 96,572 ; votants, 70,087.

BELLIARD, élu le quatrième par 30,164 voix. Neveu du maréchal Lannes ; avocat à Lectoure ; âgé de quarante ans environ ; il fut nommé sous-préfet de l'arrondissement de Lombez par la commission exécutive ; nommé préfet du Gers par M. Sénard, il fut révoqué par M. Dufaure. C'est un républicain modéré.

CARBONNEAU (ACHILLE), élu à la Constituante par 28,635 voix, réélu le deuxième par 38,005 voix. Né à Lectoure en 1803. Membre du conseil général du Gers, et le premier avocat du barreau de Lectoure. Il était républicain en février. Après la révolution, il fut nommé commissaire de la république dans son arrondissement. A la Constituante, il était membre du comité de l'administration départementale et communale. Il a voté pour le droit au travail, contre les deux Chambres, pour la proposition Rateau, contre la loi sur les clubs, pour la mise en accusation du ministère du 20 décembre. Il appartenait à la nuance des représentants qui se réunissaient au Palais-National.

DUPUTZ, élu le sixième par 30,528 voix. Ancien commis négociant à Bordeaux ; fils d'un failli, il a payé toutes les dettes de son père. Il est âgé de trente-cinq à trente-six ans ; c'est un républicain très ardent. Sa candidature a été soutenue par les socialistes.

GAVARRET, élu à la Constituante par 61,589 voix, réélu le premier par 40,021 voix. Né à Lassauvetat en 1791. Ancien député, membre du conseil général du Gers. Il prit part au mouvement réformiste, et il a présidé le banquet de Condom. A l'Assemblée, il était membre du comité des cultes, et s'est montré, dans la commission de l'instruction publique, favorable à la gratuité absolue de l'enseignement primaire. Il a voté pour le droit au travail, contre les deux Chambres, contre le vote à la commune, contre la proposition Rateau, pour la mise en accusation du ministère du 20 décembre. Il appartenait à la nuance des représentants qui se réunissaient au Palais-National.

JORET, élu le cinquième par 30,820 voix. Propriétaire, membre du conseil général depuis plusieurs années, âgé de quarante-cinq à cinquante ans. Il était de l'opposition libérale sous la dynastie déchue ; il s'est sincèrement rallié à la république. C'est un ardent défenseur des intérêts viticoles.

LACAVE-LAPLAGNE, élu le septième par 38,230 voix. Mort à Paris le 14 mai 1849, après la clôture du scrutin.

PANAT (DE), élu à la Constituante, aux élections supplémentaires, réélu par 31,320 voix. Né le 21 mars 1787 à l'Ile-Jourdain. Il était, en 1810, auditeur de première classe au conseil d'Etat. A la restauration, il s'engagea à Bordeaux dans les volontaires royaux, et devint, trois mois plus tard, secrétaire d'ambassade en Sicile. Nommé secrétaire d'ambassade à Naples, à la seconde restauration, il fut, au bout de deux ans, chargé d'affaires près la même cour. Puis il devint maire dans son pays natal, et enfin député en 1827. Il devint préfet en 1828, et donna sa démission après la révolution de juillet. En 1839, il fut réélu député, et appartint à l'opposition de droite. A la Constituante, il était membre du comité des finances. Il a voté contre le droit au travail, pour le vote à la commune, pour la proposition Rateau et contre la mise en accusation du ministère du 20 décembre. Il était de la nuance des représentants de la réunion de la rue de Poitiers. Il entend parfaitement les questions de finances, et il vient d'être nommé questeur de la nouvelle Assemblée.

GIRONDE. — 13 REPRÉSENTANTS.

Ce département avait envoyé à la Constituante 15 représentants, 6 ont été réélus. — 7 nouveaux. — Non réélus, MM. Billaudel, Ducos, Feuilhade-Chauvin, Lagarde, Larrieu, Servière, Simiot, Clément Thomas et Lubbert. — Electeurs inscrits, 179,161; votants, 125,001.

COLLAS, élu le treizième par 66,344 voix. Ancien négociant; il a été nommé délégué de la ville de

Bordeaux pour l'examen de la question des sucres. Il appartient au parti conservateur.

DENJOY (JEAN-FRANÇOIS), élu à la Constituante par 73,537 voix, réélu le sixième par 71,753 voix. Né à Lectoure (Gers) le 16 Juin 1814. Il fit son droit à Paris, et fut nommé en 1833, inspecteur gratuit de l'instruction dans son arrondissement. En 1834, il fut nommé inspecteur spécial pour le département du Gers tout entier. Rentré en 1839 dans le barreau, il devint un des principaux avocats du tribunal de première instance d'Auch. En 1844, il fut décoré de la Légion d'honneur et nommé sous préfet de Loudéac (Côtes-du-Nord). En 1847, il passa à la sous préfecture de Lesparre (Gironde). A l'avénement de la république, il envoya sa démission le 29 février. A la Constituante il était membre du comité des affaires étrangères. Il a parlé plusieurs fois, entre autres à propos du banquet de Toulouse et il a montré beaucoup d'énergie et de sang-froid. Il a eu un duel avec M. Ledru Rollin. Il faisait partie de la réunion de la rue de Poitiers, et a toujours voté avec elle.

DESÈZE (AURÉLIEN), élu à la Constituante par 58,302 voix, réélu le quatrième par 73,335 voix. Né à Bordeaux avocat général dans sa ville natale avant juillet 1830, il donna sa démission après la révolution. A la Constituante, il était membre du comité de la justice. Il a voté contre le droit au travail, pour les deux Chambres, pour le vote à la commune, contre la diminution de l'impôt du sel, pour la loi sur les clubs, contre la mise en accusation du ministère Il appartenait aux opinions légitimistes et faisait partie de la réunion de la rue de Poitiers. Il a pris plusieurs fois la parole, mais il n'a pas justifié à la tribune les espérances que ses amis de la Gironde avaient fondées sur son talent oratoire. Il peut être un avocat habile, mais il n'a pas montré qu'il fût un grand orateur politique. Il est un des deux légitimistes portés au bureau de l'Assemblée comme vice-présidents,

GROUCHY (ALPHONSE), élu le septième par 70,943 voix. Général ; il a été porté sur la liste des modérés par le parti légitimiste et aussi par l'ancien parti conservateur. Sous la monarchie déchue, il était classé parmi les légitimistes ralliés.

HOVYN TRANCHÈRE, élu à la Constituante par 62,796 voix, réélu le cinquième par 72,337 voix. Né à Bordeaux le 18 avril 1816. Homme de lettres et agriculteur, il a écrit dans plusieurs journaux de Bordeaux des articles d'économie politique. Appelé en 1844, comme grand propriétaire, à diriger de vastes travaux agricoles, il embrassa cette nouvelle position comme le véritable but de sa vie, et réussit à s'y rendre utile. A la Constituante il faisait partie du comité de l'agriculture et du crédit foncier. Il a voté contre le droit au travail, pour les deux Chambres, pour le vote à la commune, pour la proposition Rateau, pour la diminution de l'impôt du sel, contre la mise en accusation du ministère. Il était de la nuance des représentants qui se réunissaient rue de Poitiers.

HUBERT DELISLE, élu à la Constituante par 58,849 voix, réélu le deuxième par 74,044 voix. Né en 1810 aux Antilles où il possède des plantations considérables, il est venu s'établir dans le département de la Gironde, qui l'a nommé secrétaire de son comité viticole. Il est maire de Saint-André-de-Cubzac et président du comité agricole de sa commune. A la Constituante il était membre du comité de l'Algérie et des colonies. Il a voté contre le droit au travail, pour les deux Chambres, pour le vote à la commune, pour la proposition Rateau, pour la diminution de l'impôt du sel, pour la loi sur les clubs, contre la mise en accusation du ministère. Il appartenait à la nuance des représentants qui se réunissaient rue de Poitiers. Il a pris plusieurs fois la parole, notamment comme rapporteur de la commission du règlement.

JOURNU, élu le dixième par 68,444 voix. Beau-frère de M. Gauthier, sous-gouverneur de la Banque de France. Sa candidature a été soutenue par le parti légitimiste auquel il appartient.

LA GRANGE (DE), élu le onzième par 68,208 voix. Marquis, propriétaire, ancien secrétaire d'ambassade. Nommé député en 1837, il a été constamment réélu jusqu'à la révolution de février ; il a toujours appuyé le ministère ; il a voté notamment pour l'indemnité Pritchard et contre la proposition de M. Rémusat sur les fonctionnaires publics. Il a publié une brochure sur les octrois dont il voulait la suppression. Sous le dernier gouvernement, il était classé parmi les légitimistes ralliés.

LAINÉ, élu le troisième par 73,444 voix. Vice-amiral. Il a été porté sur la liste modérée par le parti légitimiste qui a vivement soutenu sa candidature.

LOPEZ DUBEC, élu le neuvième par 68,824 voix. Négociant, armateur, adjoint au maire de Bordeaux, membre de la chambre du commerce ; israélite. Il appartenait, sous la monarchie déchue, au parti conservateur.

MOLÉ (le comte LOUIS-MATHIEU), élu aux élections supplémentaires par 23,224 voix, réélu le huitième par 69,635 voix. Né à Paris en 1780. Après de fortes études, il commença à vingt ans et publia à vingt-quatre ans, un écrit remarquable intitulé : *Essai de morale et de politique*. M. de Fontanes applaudit à cet ouvrage dans un article du *Journal des Débats* qu'il signa. M. Molé entra au conseil d'État comme auditeur, devint bientôt maître des requêtes, puis préfet de la Côte-d'Or, conseiller d'État en service extraordinaire, directeur des ponts et chaussées et comte de l'empire. Napoléon l'attacha plus tard à son cabinet, et l'admit à toute heure dans son intérieur. L'empereur le nomma successivement commandeur de l'ordre de la Réunion, et grand-juge, ministre de la justice, pendant la campagne d'Allemagne, en 1813. Après les désastres de la Russie, il l'appela à présider le conseil de la régence. Lors des événements de 1814, M. Molé suivit l'impératrice Marie-Louise à Blois avec les autres ministres. Pendant la première restauration, il ne demeura pas aux affaires; mais, quelques jours avant le 20 mars, comme membre du conseil municipal de Paris, il signa l'adresse de ce corps à Louis XVIII. A son retour de l'île d'Elbe, l'empereur lui offrit en vain les portefeuilles de la justice, de l'intérieur et des affaires étrangères. M. Molé reprit sa place de directeur des ponts et chaussées; mais il refusa de signer la déclaration du conseil d'État qui repoussait à jamais les Bourbons, et s'éloigna de Paris. Cependant, Napoléon le nomma membre de la Chambre des pairs. M. Molé s'excusa de ne pas venir siéger immédiatement, ce qui fit qu'après les événements de Waterloo, il fut rappelé au conseil d'État et maintenu à la direction des ponts et chaussées. Louis XVIII le nomma, à son tour, membre de la Chambre des pairs. Dans le procès du maréchal Ney, il vota pour la peine de mort. En 1817, il devint ministre de la marine. Sous le gouvernement de juillet, il a été appelé deux fois à la présidence du conseil et au ministère des affaires étrangères. A l'Assemblée constituante, il a parlé deux ou trois fois. Membre de la réunion de la rue de Poitiers, il a toujours voté avec elle. Il était un des membres les plus influents de son comité électoral.

RAVEZ (SIMON), élu à la Législative, le douzième, par 67,448 voix. Né à Rives-de-Gier (Loire) en 1770. Primitivement avocat à Lyon, puis à Bordeaux. Nommé député en 1816, il a siégé à la droite. Depuis la fin de 1818, il a présidé successivement et sans interruption les dix sessions suivantes jusques et y compris celle de 1827. Il a été sous la restauration conseiller d'État, sous-secrétaire d'État au ministère de la justice. Il fut nommé grand-officier de la Légion d'honneur en 1824, et chevalier-commandeur de l'ordre du Saint-Esprit en 1825. — Éloigné de la scène politique depuis 1830, il a été porté sur la liste des candidats du parti légitimiste de la Gironde.

RICHIER (MARCEL), élu à la Constituante par 115,733 voix, réélu le premier par 74,467 voix. Né le 8 août 1805 à Joinville (Haute-Marne). Il prit une part active à la révolution de juillet. Il abandonna le barreau pour s'occuper d'agriculture. Il a concouru, en 1834, à la fondation du comice agricole central du département, dont il a été le secrétaire général jusqu'en 1840. Il devint maire de Ludon vers la fin de 1841. Nommé, en 1845, président de la société d'agriculture du département, il a été constamment réélu. A la Constituante, il faisait partie du comité de l'agriculture et du crédit foncier. Il a voté contre le droit au travail, contre les deux Chambres, pour le vote à la commune, pour la proposition Rateau, pour la loi sur les clubs. Il appartenait à la réunion de la rue de Poitiers.

HÉRAULT. — 8 REPRÉSENTANTS.

Ce département avait envoyé 10 représentants à la Constituante, 2 ont été réélus. — 6 nouveaux. — Non réélus, MM. André, Bertrand, Carion-Nisas, Cazelles, Laissac, Reboul-Coste, Renouvier, Vidal.—Electeurs inscrits, 125,151.

BRIVES, élu à la Constituante par 27,338 voix, réélu le huitième par 24,948. Né à Montpellier, en 1800. Fils d'un jardinier ; nommé commissaire du gouvernement provisoire, le 21 mars, en remplacement de M. Charamaule ; il a refusé, quoique pauvre, le traitement attaché à cette fonction. Il faisait partie du comité des affaires étrangères. Il a voté pour le droit au travail, pour l'impôt progressif, pour l'amendement Grévy relatif à la présidence, pour le crédit foncier, contre le remplacement militaire, contre la proposition Rateau-Lanjuinais, et généralement pour toutes les mesures appuyées par le parti de la Montagne dont il est un des membres les plus résolus.

CHARAMAULE (HIPPOLYTE), élu à la Constituante par 42,229 voix, réélu le troisième par 28,834 voix. Né à Mèze le 23 avril 1794. Un des avocats les plus distingués du Midi. Ancien député, il combattit l'hérédité de la pairie, demanda l'incompétence de la Chambre dans le procès intenté à *la Tribune*, appuya la pétition de Pérottes sur les massacres du pont d'Arcole et fit voter une enquête à ce sujet. Il parla et vota contre la loi sur les associations, il combattit les projets de loi sur les crieurs publics, sur la possession d'armes et de munitions de guerre, sur la disjonction, sur les dotations et sur les fortifications de Paris. Sous tous les ministères, il vota contre les fonds secrets. Il présida le banquet réformiste de Montpellier, le 5 décembre 1847. Président de la commission exécutive de l'Hérault, ce fut lui qui fit proclamer la république dans les rues et sur les places, aussitôt après la réception de la dépêche télégraphique du gouvernement provisoire. Membre du comité de législation à l'Assemblée, il a souvent occupé la tribune et a présenté plusieurs amendements, entre autres, celui qui tendait à proscrire toute mesure préventive en matière de presse. Il était pour la nomination directe des ministres par l'Assemblée. Il a voté pour l'impôt proportionnel, pour les deux Chambres, pour le vote à la commune, pour l'amendement Grévy, pour le crédit foncier, pour la proposition Rateau-Lanjuinais, pour la suppression des clubs, et contre celle de l'indemnité au commandant des gardes nationales de la Seine. Il faisait partie de la réunion des républicains modérés de l'Institut.

DEBÈS (FERDINAND), élu le sixième par plus de 25,000 voix. Propriétaire, nommé en 1842 par le collége de Béziers, en concurrence avec M. Odilon Barrot, qui était porté par les électeurs de l'opposition. Il a constamment voté en faveur du ministère Guizot, notamment lors de la déclaration des satisfaits. Quoique ancien conservateur, il a été soutenu dans la dernière élection par le parti légitimiste.

GIRARD (ALFRED DE), élu le cinquième par 25,561 voix. Avocat, conseiller municipal à Montpellier; il s'est montré très hostile à la révolution de février et aux divers gouvernements qui se sont succédé depuis l'avénement de la république. Il a été porté aux élections par le parti légitimiste.

GRASSET (DE), élu le premier par 30,588 voix. Riche propriétaire à Pézénas; nommé député en 1842, il a voté constamment contre le ministère, avec l'opposition de droite. Sa candidature à l'Assemblée législative a été soutenue par le parti légitimiste de l'Hérault.

LEDRU-ROLLIN, élu le septième par 25,041 voix (Voir, pour sa biographie, au département de l'Allier, dans lequel il a été également élu, ainsi que dans Saône-et-Loire, dans la Seine et dans le Var).

SAINT-PRIEST CARAMAN (DE), élu le deuxième par 29,498 voix. Propriétaire, marquis, ancien ambassadeur en Espagne. Il appartenait au parti légitimiste, qui a vivement soutenu sa candidature à l'Assemblée législative.

VERNHETTE (AMÉDÉE), élu le quatrième par 28,205 voix. Gendre du baron Capelle, dernier ministre des travaux publics de la restauration. Il était préfet des Vosges en 1830, mais, à la révolution de juillet, il abandonna les fonctions publiques et se fit avocat. Il est un des chefs du parti légitimiste de Montpellier.

ILLE-ET-VILAINE. — 12 REPRÉSENT.

Ce département avait envoyé 14 représentants à la Constituante, 3 ont été réélus. — 9 nouveaux. — Non réélus, MM. Bertin, Bidard, Garnier-Kéruault, Jouin, Legeard de la Diriays, Legraverend, Marion, Méaulle, Paul Rabuan, Roux-Lavergne, de Trédern.—Electeurs inscrits, 154,858;

ANDIGNÉ DE LA CHASSE (D'), élu à la Constituante par 77,999 voix, réélu le troisième par 75,847 voix. Né en 1791 ; ancien officier, membre du conseil général d'Ille-et-Vilaine ; il fut élu député en 1839, par le collége de Montfort, en qualité de légitimiste pur, et vota constamment avec l'opposition contre le ministère. Il était, à l'Assemblée, membre du comité de l'administration départementale et communale ; il a voté pour les deux Chambres et le vote à la commune, contre la suppression du remplacement militaire, pour la réduction de l'impôt du sel, pour la suppression des clubs. Porté sur la liste de l'évêque de Rennes, sa candidature a été vivement appuyée par les légitimistes d'Ille-et-Vilaine. Il faisait partie de la réunion de la rue de Poitiers.

ARMAND DE MELUN, élu le sixième par 73,789 voix. Propriétaire, un des fondateurs du journal *les Annales de la Charité* ; catholique sincère, partisan de la liberté de l'enseignement ; philanthrope éclairé et progressif ; directeur de l'Œuvre de la miséricorde; il a été porté par le parti légitimiste auquel il appartenait sous le dernier gouvernement monarchique.

CAILLER DU TERTRE, élu le neuvième par 71,943 voix. Propriétaire, ancien vérificateur des poids et mesures à Vitré; il était connu, sous la dynastie de la branche cadette, par son dévouement aux opinions légitimistes.

FRESNEAU (ARMAND), élu à la Constituante par 88,094 voix, réélu le premier par 77,071 voix. Né à Redon en 1822. Fils du préfet de la Corse, destitué par le gouvernement provisoire; secrétaire particulier de M. Duchâtel; candidat porté en première ligne par l'évêque de Rennes; il faisait partie du comité des affaires étrangères. Il a voté pour les deux Chambres, pour le vote à la commune, contre la réduction de l'impôt du sel, contre le décret qui fixait à dix les lois organiques, pour la suppression des clubs, et pour l'ordre du jour dans la discussion sur les affaires d'Italie. Il a fait un discours très remarquable contre le préambule de la constitution. Depuis, il a pris plusieurs fois la parole; mais il a obtenu moins de succès qu'à son début. Il appartenait à la réunion de la rue de Poitiers.

KERDREL (VINCENT, AUDREN DE), élu à la Constituante par 83,571 voix, réélu le deuxième par 76,607 voix. Né à Lorient, le 27 septembre 1815. Fils et petit-fils de maires de Lorient, rédacteur du *Journal de Rennes*, membre de plusieurs sociétés savantes, secrétaire du comité de l'instruction publique; il appartient au parti légitimiste. Il a voté pour les deux Chambres et le vote à la commune, contre le décret qui fixait à dix les lois organiques, contre la réduction de l'impôt du sel, pour la suppression des clubs et pour l'ordre du jour dans la discussion sur les affaires d'Italie. Il faisait partie de la réunion de la rue de Poitiers.

KERMAREC (de), élu le onzième par 61,924 voix. Il était dans la magistrature debout, avant la révolution de février : il donna sa démission sous le gouvernement provisoire ; il était considéré comme légitimiste rallié ; sa candidature a été appuyée à la fois par le parti légitimiste et par l'ancien parti conservateur.

LAFOSSE, élu le huitième par 73,457 voix. Propriétaire, il était conseiller à la cour de Rennes lors de la révolution de 1830, mais il refusa de prêter serment et quitta la magistrature. Catholique fervent, partisan de la liberté de l'enseignement, il a été porté sur la liste de l'évêque et vivement appuyé par le parti légitimiste auquel il appartient depuis longtemps.

POSTEL, élu le cinquième par 74,125 voix. Avocat à Vitré ; catholique fervent, partisan de la liberté de l'enseignement ; estimé dans son pays ; il appartenait au parti légitimiste qui a vivement soutenu sa candidature.

PONTGÉRARD, élu le quatrième par 76,186 voix. Négociant, maire de Rennes ; il appartenait au parti conservateur ; cependant sa candidature a été soutenue par les légitimistes qui l'ont porté sur leur liste.

QUERHOENT, élu le septième par 73,676 voix. Ancien capitaine de hussards ; sa candidature a été vivement soutenue par le parti légitimiste d'Ille-et-Vilaine.

RIBOISSIÈRE (de la), élu le douzième par 50,417 voix. Comte, commandeur de la Légion d'honneur, ancien pair de France, ancien député, ex-colonel de la 5e légion de la garde nationale de Paris ; à la

Chambre des pairs comme à la Chambre des députés, il a constamment voté en faveur de la politique du parti conservateur.

SERRÉ (HENRI DE), élu le dixième, par 68,804 voix. Homme de lettres; il était, sous le dernier gouvernement, rédacteur du journal légitimiste de Maine-et-Loire ; puis il devint rédacteur du journal de Rennes ; c'est un ancien secrétaire de M. de Falloux dont il partage complétement les opinions.

INDRE. — 5 REPRÉSENTANTS.

Ce département avait envoyé 7 représentants à la Constituante. 4 ont été réélus. — 1 nouveau. — Non réélus, MM. Bertrand, Fleury, Bethmont. — Electeurs inscrits, 73,548.

BARBANÇOIS, élu le troisième par 26,801 voix. Sa candidature a été combattue par les démocrates-socialistes ; il était porté sur la liste du parti modéré.

CHARLEMAGNE (EDMOND), élu à la Constituante par 35,214 voix, réélu le premier par 27,620 voix. Né à Châteauroux en 1798; petit-fils d'un membre de l'Assemblée constituante ; fils d'un député de 1815 et de 1818; procureur du roi sous la restauration ; démissionnaire, après 1830, pour s'acquitter exclusivement de ses devoirs de député ; il a constamment siégé, depuis 1830, à la Chambre des députés, où il votait avec la gauche ; auteur d'un amendement relatif à la révision des pensions des chouans, il demanda aussi la suppression des pensions accordées à ceux qui, depuis 1789, avaient porté les armes contre la France. Sous-commissaire de la république à Issoudun ; membre du comité des finances ; il a voté pour la proposition Rateau-Lanjuinais, contre la réduction de l'impôt du sel, pour la suppression des clubs, contre celle de l'indemnité au commandant des gardes nationales de la Seine, et pour l'ordre du jour dans la discussion sur les affaires d'Italie.

DELAVAU (François-Charles), élu à la Constituante par 35,331 voix, réélu le deuxième par 27,083 voix. Né à La Châtre en 1799. Médecin, ancien membre du conseil général et maire de La Châtre, député de l'opposition, nommé en 1842 en concurrence avec M. Muret de Bord; il s'éleva contre les lois de septembre et contre les fortifications de Paris. Commissaire de la république; il était à l'Assemblée membre du comité de l'administration départementale et communale; il a voté pour la proposition Rateau-Lanjuinais, contre la réduction de l'impôt du sel, pour la suppression des clubs, contre celle de l'indemnité au commandant des gardes nationales de la Seine, et pour l'ordre du jour dans la discussion sur les affaires d'Italie.

GRILLON (Eugène-Victor-Adrien), élu à la Constituante par 52,107 voix, réélu le quatrième par 26,739 voix. Né à Châteauroux en 1796. Avocat, maire de Châteauroux de 1832 à 1846; concurrent de M. Muret de Bord aux élections de cette dernière année, dans lesquelles il ne succomba que par suite des intrigues ministérielles. Membre du comité des travaux publics; il a voté contre la proposition Rateau-Lanjuinais, contre la réduction de l'impôt du sel, pour la suppression des clubs, et contre celle de l'indemnité au commandant des gardes nationales de la Seine. Il appartenait à l'opinion modérée et a souvent voté avec la réunion de la rue de Poitiers.

ROLLINAT, élu à la Constituante par 24,374 voix, réélu le cinquième par 23,718 voix. Né à Châteauroux en 1804. Avocat distingué; membre du comité des affaires étrangères, il a pris une part active aux travaux intérieurs, et quelquefois aux discussions de l'Assemblée. Il a voté pour le droit au travail, pour l'amendement Grévy sur la question de la présidence, pour la suppression du remplacement militaire, contre la proposition Rateau-Lanjuinais, pour la réduction de l'impôt du sel, contre la suppression des clubs, et pour le renvoi dans les bureaux de la proposition de mise en accusation du président et de ses ministres. Il appartenait à la réunion du Palais-National, et il a été porté sur la liste des démocrates-socialistes.

INDRE-ET-LOIRE. — 6 REPRÉSENT.

Ce département avait envoyé 8 représentants à la Constituante, 3 ont été réélus. — 3 nouveaux. — Non réélus, MM. Foucqueteau, Julien, Amable Jullien, Luminais et Bacot. — Electeurs inscrits, 92,573.

CRÉMIEUX (ISAAC-ADOLPHE), élu à la Constituante dans le département de la Seine et dans celui d'Indre-et-Loire par 75,570 voix, réélu le sixième par 24,728 voix. Né à Nîmes en 1796. Avocat, il commença sa réputation par la défense des ministres de Charles X; ancien député de la gauche, il présenta la proposition ayant pour but l'adjonction des capacités et prit une part active dans le mouvement des banquets réformistes. Membre du gouvernement provisoire et ministre de la justice après la révolution de février 1848; démissionnaire à la suite de la séance dans laquelle MM. Portalis et Landrin demandèrent infructueusement l'autorisation d'exercer des poursuites judiciaires contre Louis Blanc; membre du comité de la justice; rapporteur d'un grand nombre de commissions, il a pris une part très active à tous les travaux de l'Assemblée; il a voté pour le droit au travail, pour le vote à la commune, pour la réduction de l'impôt du sel, contre la suppression des clubs, pour celle de l'indemnité au commandant des gardes nationales de la Seine, contre le ministère dans la discussion sur les affaires d'Italie; partisan déclaré de l'élection du dix décembre, il a cependant fait une opposition constante au ministère qui en a été le résultat; on peut le ranger dans le parti des républicains avancés.

FLAVIGNY (DE), élu le troisième par 31,105 voix. Vicomte; ancien pair de France, légitimiste rallié. A la Chambre des pairs, il figurait parmi les membres du parti conservateur.

GOUIN (ALEXANDRE), élu à la Constituante par 43,010 voix, réélu le deuxième par 32,374 voix. Né en 1792. Banquier; membre du conseil général du commerce et du conseil général d'Indre-et-Loire; ex-député du centre gauche. Après avoir voté pour les lois de septembre et pour les dotations, il vota contre la loi de disjonction; il fit partie de la coalition en 1839, entra dans le cabinet du 1ᵉʳ mars, comme ministre du commerce, présenta et fit adopter la loi concernant le travail des enfants dans les manufactures; partisan de la conversion des rentes, il renouvela trois fois sa proposition au sujet de cette importante mesure et la fit prendre trois fois en considération. Il présidait, à l'Assemblée, le comité des finances et prenait une part active aux travaux intérieurs de la Constituante. Il a voté pour l'impôt proportionnel, pour les deux Chambres, contre le crédit foncier, pour la proposition Rateau-Lanjuinais, contre la réduction de l'impôt du sel, pour la suppression des clubs, et pour l'ordre du jour en faveur du ministère, dans la discussion sur les affaires d'Italie.

ORNANO (le général D'), élu le premier par 34,450 voix. Ancien pair de France, comte, grand'croix de la Légion d'honneur; il a servi sous l'empire. Sous la monarchie de Louis-Philippe, il appartenait au parti conservateur; il a été nommé représentant à l'Assemblée constituante au mois de janvier dernier en remplacement de M. Bacot. Il a voté contre la mise en accusation du ministère, pour l'expédition d'Italie, pour la suppression des clubs. Allié à la famille Bonaparte, il est personnellement dévoué au président de la république.

PISCATORY, élu le quatrième par 30,143 voix. Ancien député, ancien pair de France, ancien ambassadeur en Grèce. Nommé député en 1832, il vota constamment en faveur du pouvoir; cependant il fit partie de la coalition et attaqua le ministère du 15 avril auquel il fit une guerre à la fois rude et spirituelle; mais il se rangea bientôt sous la bannière de M. Guizot; il fut envoyé en Grèce et nommé pair de France. Il était du comité électoral de la rue de Poitiers.

TASCHEREAU (JULES), élu à la Constituante par 47,310 voix, réélu le cinquième par 25,131 voix. Né en 1802; fils d'un ancien président de la cour d'appel d'Orléans; secrétaire général de la préfecture de la Seine, après la révolution de juillet; fondateur, en 1832, de la *Revue Rétrospective*. Député de Loches en 1838, il siégea à gauche, signa l'acte d'association contre le retour de la branche aînée, et vota constamment avec l'opposition Barrot. Il ne se représenta pas en 1842, et s'occupa alors presque exclusivement de la rédaction du *Siècle* et de l'*Illustration*. Il a fondé en 1848 la nouvelle *Revue Rétrospective*, devenue célèbre par la publication d'une pièce relative au citoyen Blanqui. Il faisait partie à l'Assemblée du comité des affaires étrangères. Il a voté pour l'impôt proportionnel, pour les deux Chambres, contre le décret qui fixait à dix le nombre des lois organiques, pour la proposition Rateau-Lanjuinais, contre la réduction de l'impôt du sel, pour la suppression des clubs, et pour l'ordre du jour en faveur du ministère dans la discussion sur les affaires d'Italie.

Partisan très déclaré de la candidature du général Cavaignac, il s'est depuis rallié à l'élu du 10 décembre ; il faisait partie du comité électoral de la rue de Poitiers.

ISÈRE. — 12 REPRÉSENTANTS.

Ce département avait envoyé 15 représentants à la Constituante, 10 ont été réélus. — 2 nouveaux. — Non réélus, MM. Alphonse Blanc, Froussard, Marion de Faverger, Renaud et Tranchant.

AVRIL, élu le douzième par 60,129 voix. Ancien instituteur primaire, républicain ardent, partisan des idées socialistes. Il était porté sur la liste des républicains démocrates qui a triomphé tout entière dans ce département.

BERTHOLON (CÉSAR), élu à la Constituante par 106,186 voix, réélu le quatrième par 71,682. Né à Lyon en 1796. Fils d'un négociant de Lyon dont il continua longtemps le commerce, il fut, peu de temps après la révolution de juillet, l'un des fondateurs, à Lyon, de la société démocratique des Droits de l'Homme. Rédacteur du *Censeur*, il s'y occupait, de préférence, des questions d'économie politique. Il présidait, dès 1840, un banquet réformiste à Lyon. Sous-commissaire à Vienne après la révolution de 1848 ; membre du comité du commerce et de l'industrie à l'Assemblée, il a voté constamment avec les républicains qui faisaient partie de la réunion du Palais-National et qui ont fait une constante opposition au ministère du 20 décembre. Il était porté sur la liste des candidats républicains démocrates.

BRILLIER, élu à la Constituante par 99,197 voix,

réélu le onzième par 65,814. Né à Heyrieux en 1812. Fils d'un cultivateur; avocat à Vienne, il y devint un des principaux membres du barreau. Il faisait partie, à l'Assemblée, du comité de législation. Il a voté pour l'impôt proportionnel, pour le crédit foncier, contre la suppression du remplacement militaire, contre la proposition Rateau-Lanjuinais, contre la suppression des clubs, et pour celle de l'indemnité au commandant des gardes nationales de la Seine. Il appartenait à la réunion du Palais-National, et s'est montré constamment hostile à la politique du président de la république.

CHOLAT, élu à la Constituante par 86,610 voix, réélu le huitième par 69,090. Né à La Tour-du-Pin en 1810. Fils d'un maître d'hôtel, ex-élève de l'École polytechnique et de l'École d'application de Metz, ex-capitaine d'artillerie. A la révolution de février, il fut nommé chef d'état-major de la garde nationale de Lyon, qu'il organisa et dont il garda le commandement jusqu'au 1er avril. Membre du comité de la marine à l'Assemblée, il appartenait au parti des républicains de la nuance du Palais-National, et il a constamment voté contre le gouvernement du 10 décembre. Il était un des candidats des républicains démocrates.

CLÉMENT (AUGUSTE), élu à la Constituante par 84,417 voix, réélu le cinquième par 70,527. Né à Grenoble en 1790. Nommé par Dupont (de l'Eure) procureur du roi à Saint-Marcellin en 1831, démissionnaire pour ne point participer aux intrigues électorales du gouvernement déchu en 1848. Après la révolution de février, il fut un des premiers à proclamer la république et à organiser la commission départementale. Il faisait partie, à l'Assemblée, du comité de législation. Il a voté avec la Montagne, surtout depuis le 10 décembre. Il figurait sur la liste des candidats démocrates.

CRÉPU (ALEXANDRE), élu à la Constituante par 105,200 voix, réélu le septième par 60,164. Né à Grenoble en 1797. Avocat, rédacteur du *Journal libre* de l'Isère en 1819, fabricant de produits chimiques dans la Drôme en 1825, fondateur du *Dauphinois* dans l'Isère en 1831, rédacteur en chef du *Patriote des Alpes*; nommé sans interruption depuis 1834 rapporteur du budget par le conseil municipal de Grenoble, président de la commission départementale de l'Isère après la révolution de février. Il faisait partie à l'Assemblée du comité de l'intérieur, et s'occupait principalement des questions de finances, d'industrie et d'agriculture. Ses votes ont été généralement conformes à ceux de la Montagne. Il faisait partie de la réunion du Palais-National et il avait su se faire nommer membre du conseil d'Etat. Dans tous les cas, on le voit, ses précautions étaient prises contre les chances du scrutin électoral.

DURAND-SAVOYAT (NAPOLÉON), élu à la Constituante par 74,432 voix, réélu le sixième par 70,060. Né à Izeau en 1800. Fils d'un cultivateur, élève en agriculture aux instituts d'Hofwyll et de Roville, propriétaire-cultivateur à Cornillon, directeur et rédacteur du *Dauphinois* en 1830. Il faisait partie, à l'Assemblée, du comité de l'agriculture et du crédit foncier. Il a constamment voté avec les membres du Palais-National contre la politique du gouvernement du 10 décembre. Les républicains démocrates l'ont porté sur la liste de leurs candidats.

FARCONNET (FRÉDÉRIC), élu à la Constituante par 127,422 voix, réélu le premier par 75,003. Né à Montferrat en 1809. Avocat à la Cour d'appel de Grenoble, journaliste démocrate à Paris en 1830 et 1831, il était en 1832 rédacteur du *Patriote des Alpes* à Grenoble; il se fit remarquer à Bourg par la défense de quelques détenus politiques grenoblois. Maire de Grenoble à la révolution de février, il refusa, pour rester à la tête de l'administration municipale, les fonctions d'avocat général à la Cour d'appel. Il faisait partie à l'Assemblée du comité de législation. Il a voté pour le droit au travail, pour l'impôt progressif, pour le crédit foncier, contre la proposition Rateau-Lanjuinais, pour la réduction de l'impôt du sel, contre la suppression des clubs, pour la suppression de l'indemnité au commandant des gardes nationales de la Seine, et généralement pour toutes les mesures appuyées par le parti de la Montagne. Il était porté sur la liste des républicains démocrates.

REPELLIN, élu à la Constituante par 81,936 voix, réélu le troisième par 71,713. Né à Moirans en 1800. Ancien avoué, avocat à la Cour d'appel de Grenoble, un des rédacteurs du *Patriote des Alpes*, membre du conseil municipal de Grenoble, membre de la commission départementale de l'Isère, appelé aux fonctions de commissaire général de quatre départements du Midi; élu, quoique absent, colonel de la garde nationale de Grenoble. Il faisait partie à l'Assemblée du comité de l'administration départementale et communale. Auteur de plusieurs amendements, il a souvent pris la parole. Il siégeait sur les bancs de l'extrême gauche avec laquelle il a constamment voté. Il était un des candidats démocrates.

REYMOND, élu le neuvième par 66,708 voix. Sa candidature a été vivement combattue par le parti modéré, mais le concours des républicains démocrates en a assuré le succès.

RONJAT (JOSEPH-ANTOINE), élu à la Constituante par 74,858 voix, réélu le neuvième par 66,522. Né à Saint-Marcel d'Eyzin le 14 juillet 1790. Fils d'un député à la fédération, lieutenant en 1815 et capitaine en 1816 de la garde nationale mobile, juge de paix en 1830, destitué en 1832, impliqué dans le procès d'avril ; il prit part en 1847 au mouvement des banquets réformistes. Il faisait partie, à l'Assemblée, du comité l'agriculture et du crédit foncier. Tous ses votes ont été conformes à ceux de la Montagne. Les républicains démocrates l'avaient porté au nombre de leurs candidats.

SAINT-ROMME, élu à la Constituante par 127,422 voix, réélu le deuxième par 74,613. Né à Roybon en 1797. Avocat, rédacteur du *Dauphinois* et du *Patriote des Alpes*, défenseur des accusés d'avril. La révolution de février le trouva, dans l'arrondissement de Saint-Marcellin, occupé d'études et d'expériences agronomiques. Nommé alors procureur-général à la Cour d'appel de Grenoble, il donna sa démission pour ne pas cumuler ces fonctions avec celles de représentant. Membre du comité de l'intérieur, il a pris une part active aux discussions et présenté un grand nombre d'amendements. Il faisait partie de la réunion du Palais-National, avec laquelle il a constamment voté. Il était porté sur la liste des républicains démocrates.

JURA. — 7 REPRÉSENTANTS.

Ce département avait envoyé à la Constituante 8 représentants, 3 ont été réélus. — 4 nouveaux. — Non réélus, MM. Chevassu, Gréa, Huot, Jobez, Valette. — Electeurs inscrits, 90,110 ; votans, 71,295.

CORDIER (JOSEPH), élu à la Constituante par 58,808 voix, réélu le deuxième par 48,625 voix. Né à Orgelet en 1775. Ancien inspecteur divisionnaire des ponts et chaussées, membre du conseil général du Jura. Il fut nommé député en 1827, et depuis il a toujours siégé à la Chambre dans les rangs de l'opposition de l'extrême gauche. A la Constituante, il était membre du comité des finances. Il a voté contre le droit au travail, pour les deux Chambres, pour le vote à la commune, contre la proposition Rateau. Depuis le 10 décembre, il a constamment voté contre le ministère; partisan d'une liberté presque absolue, adversaire de la centralisation, il voudrait appliquer à la France les institutions de la république des Etats-Unis. Il a publié un ouvrage important sur la situation comparée de la France et de l'Angleterre.

CRESTIN (LÉON), élu le quatrième par 45,874 voix. Juge à Dôle, fort estimé dans son pays; d'un républicanisme ardent; il a été porté sur la liste des républicains socialistes.

DERRIEY, élu le cinquième par 45,463 voix. Propriétaire, président du comice agricole de Dôle; il s'est beaucoup occupé de politique depuis la révolution de février; il a puissamment contribué à la propagation des doctrines socialistes dans le Jura; il appartient à l'école phalanstérienne.

GRÉVY (JULES), élu à la Constituante par 65,150 voix, réélu le premier par 48,740 voix. Né en 1810. Avocat. En juillet 1830, il prit part, avec beaucoup de ses camarades de l'Ecole de Droit, aux combats du peuple de Paris. Il entra des premiers à la caserne de Babylone. Il défendit plusieurs accusés dans le procès des 12 et 13 mai 1839; mais, depuis, ses opinions devinrent beaucoup plus modérées, et, au barreau, il n'était plus considéré comme étant aussi hostile à la monarchie déchue. Quoi qu'il en soit, il fut nommé commissaire de la république pour le département du Jura. A la Constituante, il était membre du comité de la justice. Il a attaché son nom à l'amendement qui repoussait le principe de la création d'un président de la république et qui concentrait tous les pouvoirs dans le sein de l'Assemblée nationale; il a été rapporteur des propositions ayant pour objet la dissolution de l'Assemblée constituante, et il les a vivement combattues. Partisan déclaré de l'élection du général Cavaignac, il a constamment voté contre le gouvernement du 10 décembre; dans ces derniers temps, il a été élu un des vice-présidents de l'Assemblée, et il est un de ceux qui ont le plus faiblement dirigé les discussions en l'absence de M. Armand Marrast.

RICHARDET, élu le septième par 39,915 voix. Ancien agent voyer, rédacteur de *la Démocratie jurassienne*; il a fait dans le département, depuis la révolution de février, une propagande très active en faveur des doctrines communistes.

SOMMIER, élu le sixième par 40,113 voix. Homme de lettres, journaliste; il a fait un ouvrage, intitulé : *La Révolution dans le Jura*, où il se déclare partisan des principes de 92; il a été porté sur la liste des républicains démocrates.

TAMISIER, élu à la Constituante par 36,204 voix, réélu le troisième par 46,721 voix. Né en 1808 à Lons-le-Saulnier. Ancien élève de l'Ecole polytechnique, capitaine d'artillerie. Il était en garnison à Vincennes lors de la révolution de février, et il fut un des premiers à l'acclamer. A la Constituante, il faisait partie du comité de la guerre. Il a voté pour le droit au travail, contre les deux Chambres, contre le vote à la commune, contre la proposition Rateau, pour la diminution de l'impôt du sel, contre la loi sur les clubs, pour la mise en accusation du ministère. Il est socialiste de l'école phalanstérienne.

LANDES. — 6 REPRÉSENTANTS.

Ce département avait envoyé à la Constituante 7 représentants, 6 ont été réélus. — Non réélu, M. Duclerc. — Electeurs inscrits, 82,019.

BASTIAT (FRÉDÉRIC), élu à la Constituante par 56,000 voix, réélu le quatrième par 25,726 voix. Né à Bayonne en 1801. Juge de paix de son canton et membre du conseil général du département des Landes depuis 1830, il était régulièrement porté candidat de l'opposition sous la monarchie, et régulièrement repoussé. Il est partisan du libre échange, sur lequel il a publié diverses brochures. C'est un économiste distingué. A la Constituante, il était membre du comité des finances. Il a voté contre le droit au travail, pour la proposition Rateau, contre la diminution de l'impôt du sel, pour la loi sur les clubs. Il appartenait au parti des républicains modérés; il a fait une proposition ayant pour but d'interdire aux ministres le droit de faire partie de l'Assemblée. Il a prononcé plusieurs discours.

DAMPIERRE (ÉLIE), élu à la Constituante par 19,000 voix, réélu le troisième par 25,783 voix. Né en 1813. Riche propriétaire. En 1836, il se présenta comme candidat à la députation, et dans sa profession de foi il demandait le suffrage universel, sans lequel, disait-il, la monarchie n'a pas de vie. Il échoua. A la Constituante, il a voté contre le droit au travail, pour les deux Chambres, pour le vote à la commune, pour la proposition Rateau, pour la loi sur les clubs, contre la mise en accusation du ministère. Il était membre du comité du travail. Avant la révolution de février, il appartenait au parti légitimiste.

DUPRAT (PASCAL), élu à la Constituante par 50,000 voix, réélu le deuxième par 27,163 voix. Né en 1812 à Hagetman (Landes). Homme de lettres. En 1840, il était professeur d'histoire au collège d'Alger. Plus tard, il revint en France et fut attaché comme rédacteur à plusieurs journaux démocratiques, notamment à la *Réforme*. En 1847, il devint rédacteur en chef de la *Revue indépendante*. Après la révolution de février, il fonda un nouveau journal, *le Peuple constituant*, avec M. de Lamennais. A l'Assemblée constituante, il a voté contre les deux Chambres, contre la proposition Rateau, contre la loi sur les clubs. Après s'être montré favorable à la commission exécutive, il a très activement travaillé à son renversement. Ce fut lui qui proposa la mise de Paris en état de siége, le 24 juin, ainsi que la remise de tous les pouvoirs entre les mains du général Cavaignac. Il a fait partie de la commission de constitution. Il était membre du comité du travail. Sous le gouvernement du général Cavaignac, il a été chargé d'une mission à Vienne, en Autriche, mais il a été rappelé avant d'avoir pu quitter la France. Il a souvent voté avec les républicains de la Montagne.

LEFRANC (VICTOR), élu à la Constituante par 57,000 voix, réélu le premier par 34,440 voix. Né le 2 mars 1809 à Garlin (Basses-Pyrénées). Après avoir fait ses études de droit à Paris, il alla s'établir comme avocat à Mont-de-Marsan. Sous la monarchie, il a toujours appartenu à l'opposition; il était de la nuance des républicains du *National*. Après la révolution de février, il fut nommé commissaire de la république dans son département. A la Constituante, il vota contre les deux Chambres, contre le vote à la commune, contre le droit au travail, pour la proposition Rateau, contre la diminution de l'impôt du sel, pour la loi sur les clubs, contre la mise en accusation du ministère. Il était membre du comité des travaux publics. Il faisait partie de la nuance des représentants qui se réunissaient à l'Institut. Il a pris une part active aux travaux de l'Assemblée, et il a montré un talent très remarquable dans les questions des chemins de fer et dans la discussion de la loi électorale.

MARRAST (FRANÇOIS), élu à la Constituante par 33,000 voix, réélu le sixième par 20,946 voix. Né à Bayonne en 1800. Sous-lieutenant au commencement de la restauration, il donna sa démission et alla combattre en Amérique dans les rangs des insurgés qui essayèrent de secouer le joug de l'Espagne. A son retour, il se livra entièrement à l'agriculture jusqu'au moment où éclata la révolution de février. Candidat à l'Assemblée nationale, il se déclara, dans sa profession de foi, républicain de l'école américaine. Il était, à la Constituante, membre du comité de l'intérieur. Il a voté pour les deux Chambres et le vote à la commune, contre le décret qui fixait à dix les lois organiques, contre la réduction de l'impôt du sel et pour la suppression des clubs, et en général avec le parti modéré de la rue de Poitiers.

TURPIN (NUMA), élu à la Constituante par 38,000 voix, réélu le cinquième par 23,691 voix. Né à Saint-Julien en 1802. Maire de sa commune, juge suppléant, membre du conseil général des Landes, il a fait partie de la société des *Carbonari*, en 1818. A la Constituante, il était membre du comité de l'agriculture et du crédit foncier. Il a voté contre le droit au travail, pour les deux Chambres, pour le vote à la commune, pour la proposition Rateau, contre la diminution de l'impôt du sel, pour la loi sur les clubs, contre la mise en accusation du ministère du 10 décembre. Il appartenait à la nuance des représentants qui se réunissaient rue de Poitiers.

LOIR-ET-CHER. — 5 REPRÉSENTANTS.

Ce département avait envoyé à la Constituante 6 représentants, 3 ont été réélus. — 2 nouveaux. — Non réélus, MM. Ducoux, Durand (de Romorantin) et Normand. — Nombre des votans, 52,930.

BENIER, élu le troisième à la Législative par 26,908 voix. Propriétaire, marchand de bois, membre du conseil général. Agé de soixante ans environ. Il est très connu des gens de la campagne avec lesquels il a des relations très familières et pas du tout aristocratiques. Il était porté sur la liste des candidats démocrates et socialistes.

CANTAGREL, élu le quatrième à la Législative par 24,226 voix. Homme de lettres, un des rédacteurs de *la Démocratie Pacifique*. Il est âgé d'environ quarante ans. C'est un homme de talent. Il a parlé plusieurs fois dans les banquets socialistes, et ses discours ont été généralement applaudis. Il appartient à l'école phalanstérienne, dont il est un des apôtres les plus fervents et les plus actifs.

GÉRARD (LÉON), élu à la Constituante par 32,000 voix, réélu le cinquième par 23,375. Né à Paris, le 15 mai 1817. Il fut reconnu admissible à l'École polytechnique et préféra le droit. Il fut reçu avocat en 1841, mais il ne plaida pas, et s'occupa avec ardeur de beaux-arts et de peinture. A la Constituante il était membre du comité du commerce et de l'industrie. Il a voté contre le droit au travail, pour les deux Chambres, pour la proposition Rateau, pour la loi sur les clubs, contre la mise en accusation du ministère. Il appartenait à la nuance des représentants de la réunion de la rue de Poitiers.

SALVAT, élu à la Constituante par plus de trente mille voix, réélu le deuxième par 30,651 voix. Né le 10 octobre 1791 à Peyrnis (Hautes-Alpes). Il a fait les campagnes de 1813 et 1814. Il partit ensuite, comme avocat, pour l'île de France, et ne revint dans la mère-patrie qu'en 1824. Il fixa son séjour dans le département de Loir-et-Cher, où il a contribué, sous la monarchie, à envoyer à la Chambre des députés de l'opposition. A la Constituante, il a voté pour le droit au travail, contre les deux Chambres, pour la diminution de l'impôt du sel, contre la loi sur les clubs. Il était membre du comité de l'agriculture et du crédit foncier. Il a presque constamment voté avec les représentants de la Montagne.

SARRUT (GERMAIN), élu à la Constituante par 35,000 voix, réélu le deuxième par 28,330 voix. Son élection vient d'être annulée, en vertu de la disposition de la loi électorale qui frappe d'inéligibilité le failli non réhabilité. M. Sarrut vient de faire une demande en réhabilitation devant la Cour d'appel de Paris.

LOIRE. — 9 REPRÉSENTANTS.

Ce département avait envoyé à la Constituante 11 représentants; 5 ont été réélus. — 4 nouveaux. — Non réélus, MM. Alcock, Devillaine, Jules Favre, Fourneyron, Point, Verpilleux.

BAUNE (EUGÈNE), élu à la Constituante par 70,160 voix, réélu le neuvième par 35,098 voix. Né à Montbrison en 1800. Journaliste. Il était un des accusés d'avril. Il avait pris une part très active aux insurrections de Lyon. Plus tard, il fut attaché au journal *la Réforme*. Républicain depuis vingt ans. Après la révolution de février, il fut envoyé comme commissaire de la république dans son département. A la Constituante, il faisait partie du comité des affaires étrangères. Il a pris la parole plusieurs fois dans la question italienne. Il a toujours voté avec les représentants de la Montagne dont il était un des principaux membres.

BERNARD (MARTIN), élu à la Constituante par 47,066 voix, réélu le quatrième par 36,014 voix. Né le 17 septembre 1808 à Montbrison. En 1826, il vint à Paris comme compositeur d'imprimerie. Il voulut partir pour la Grèce, afin de prendre part à la guerre de l'indépendance. Il combattit en 1830. Il fit partie de la *Société des Droits de l'Homme*. Au procès d'avril, il fut appelé à faire partie du grand congrès des défenseurs des accusés. Plus tard, il était un des principaux directeurs de la *Société des Familles* et de celle des *Saisons*. Au 12 mai 1839, il fut un des chefs de l'insurrection, et la Chambre des pairs le condamna à la déportation ; il fut renfermé au Mont-Saint-Michel, et la révolution de février le trouva à Doullens. Il fut nommé commissaire général de la république pour quatre départements, le Rhône, la Loire, la Haute-Loire et l'Ardèche. A la Constituante, il était membre du comité de l'intérieur et a voté toujours avec les représentants de la Montagne dont il faisait partie.

CALLET, élu à la Constituante par 41,607 voix, réélu le deuxième par 37,428 voix. Né le 27 octobre 1812 à Saint-Étienne. Homme de lettres, il fut, à l'âge de dix-sept ans, attaché à la rédaction de la *Gazette de France* et y a travaillé jusqu'en 1840. Il était aussi l'un des principaux collaborateurs de l'*Encyclopédie du dix-neuvième siècle*. A la Constituante, il était membre du comité des cultes. Il a voté contre le droit au travail, contre les deux Chambres, pour le vote à la commune, pour la proposition Rateau, contre la diminution de l'impôt du sel, contre la mise en accusation du ministère du 20 décembre. Il appartenait au parti modéré de la rue de Poitiers.

CHEVASSIEU, élu à la Constituante par 85,412 voix, réélu le premier par 39,877 voix. Né à Montbrison en 1813. Il a été maire de cette ville après la révolution de février. A la Constituante, il était membre du comité de l'agriculture et du crédit foncier. Il a voté pour le droit au travail, contre les deux Chambres, pour la proposition Rateau, pour la diminution de l'impôt du sel, contre la loi sur les clubs, pour la mise en accusation du ministère. Il était de la nuance des représentants qui se réunissaient au Palais-National, et a souvent appuyé les propositions faites par la Montagne.

DUCHÉ, élu le huitième par 35,154 voix. Avocat. Il a été adopté par les républicains socialistes de la Loire qui ont fait triompher sa candidature aux dernières élections, non sans peine, car les candidats du parti modéré, conservateurs ou légitimistes, l'ont suivi de très près.

HEURTIER, élu le cinquième par 35,923 voix. Il était porté sur la liste du parti modéré, qui a obtenu un nombre de voix presque égal à celui des républicains démocrates.

LEVET (HENRI), élu à la Constituante par 34,797 voix, réélu le troisième par 57,045 voix. Né en 1795. Ancien conseiller de préfecture. A la Constituante, il était membre du comité du travail. Il a voté contre le droit au travail, pour les deux Chambres, pour le vote à la commune, pour la proposition Rateau, contre la diminution de l'impôt du sel, contre la mise en accusation du ministère du 10 décembre. Il était de la nuance des représentants qui se réunissaient rue de Poitiers.

PERSIGNY (JEAN-GILBERT-VICTOR FIALIN DE), élu le septième par 35,483 voix, élu également dans le département du Nord. Né en 1810 à Saint-Germain-Lespinasse (Loire). Secrétaire de Louis-Napoléon Bonaparte, arrêté dans l'affaire de Strasbourg, acquitté par la Cour d'assises du Bas-Rhin, impliqué dans l'affaire de Boulogne et condamné par la Cour des pairs à vingt années de détention, aide-de-camp du président de la république, auquel il est personnellement dévoué depuis quinze ans. Il était un des quinze membres du comité électoral de la rue de Poitiers, et l'un des vice-présidents du comité bonapartiste.

SAIN, élu le sixième par 35,596 voix. Nommé préfet depuis l'avénement de la république, puis révoqué. Il a travaillé activement à la propagation des doctrines avancées. Les républicains démocrates-socialistes l'avaient porté au nombre de leurs candidats. Les journaux ont annoncé sa mort qu'il a eu le bon esprit de démentir lui-même.

LOIRE (HAUTE-). — 6 REPRÉSENT.

Ce département avait envoyé à la Constituante 8 représentants, 1 seul a été réélu. — 5 nouveaux. — Non réélus, MM. Avond, Badon, Grellet, Lafayette, Lagrevol, Laurent et le général Rulhière.

BREYMAND (AUGUSTE), élu à la Constituante par 25,218 voix, réélu le premier à la Législative. Né au Puy en 1803; propriétaire. Il combattit en juillet, et la commission des récompenses nationales le fit entrer comme lieutenant dans un régiment, qu'il alla rejoindre en Afrique. En 1834, se trouvant en garnison à Grenoble, immédiatement après les événements de Lyon, il donna sa démission. Rentré dans ses foyers, il fut nommé commandant de la garde nationale du Puy. A la Constituante, il était membre du comité des cultes. Aux journées de juin, il alla vers les insurgés qui voulurent le fusiller, mais sa conduite énergique et sa présence d'esprit le sauvèrent du danger. Il a voté pour le droit au travail, contre les deux Chambres, contre la proposition Rateau, pour la diminution de l'impôt du sel, pour la mise en accusation du ministère. Il était de la nuance des représentants qui votaient souvent avec la Montagne.

CHOUVY (CAMILLE), élu à la Législative le troisième. Propriétaire. Il a été porté sur la liste des candidats démocrates et socialistes qui a triomphé tout entière dans ce département.

CHOVELON, élu à la Législative le quatrième. Cultivateur. Les républicains démocrates-socialistes ont adopté sa candidature, qu'ils ont vivement soutenu.

MAIGNE (JULES), élu à la Législative le cinquième. Né en 1816. Répétiteur. Avant la révolution, il vivait en intimité avec Charles Teste. Il combattit en février et a rempli les fonctions de sous-commissaire de la république à Brioude. Après les journées de juin, il revint à Paris, et fit partie du comité démocrate-socialiste des Écoles. Il fut aussi attaché à la rédaction d'un journal mensuel, *le Défenseur du Peuple*. Il était président du comité électoral du onzième arrondissement, lors de l'élection du 10 décembre. Il a assisté aux divers banquets socialistes, où il a prononcé plusieurs discours. Très jeune encore, malgré l'ardeur de ses opinions démocratiques et sociales, il a su se faire aimer de tous ceux qui le connaissent.

MONNIER, élu à l'Assemblée législative le sixième. Propriétaire. Démocrate et socialiste, sa candidature a été vivement combattue par le parti modéré, et il n'est arrivé que le dernier sur la liste des républicains démocrates.

SAINT-FERÉOL, élu le septième à l'Assemblée

législative. Riche propriétaire. Né en 1810. Il est républicain démocrate-socialiste.

LOIRE-INFÉR. — 11 REPRÉSENTANTS.

Ce département avait envoyé à la Constituante 13 représentants. 7 ont été réélus. — 4 nouveaux. — Non réélus, MM. Bedeau, Billault, Braheix, Fournier, Lanjuinais, Waldeck-Rousseau. — Electeurs inscrits, 148,353.

CAMUS DE LA GUIBOURGÈRE (ALEXANDRE-PROSPER), élu à la Constituante par 68,184 voix, réélu le sixième par 70,162. Né à Paris en 1793. Maire de Teillé, membre du conseil général et du conseil d'arrondissement dans le département de la Loire-Inférieure. A la Constituante, il faisait partie du comité de l'Algérie et des colonies. Il a voté contre le droit au travail, pour les deux Chambres, pour le vote à la commune, pour la proposition Rateau, contre la diminution de l'impôt du sel, pour la suppression des clubs. Il appartenait à la nuance des représentants qui se réunissaient rue de Poitiers.

CHAUVIN, élu le onzième par 60,228 voix. Porté sur la liste des modérés, il a été nommé par le concours de l'ancien parti conservateur et des légitimistes.

COISLIN (DE), élu le dixième par 62,921 voix. Un des plus jeunes membres de l'Assemblée législative, il a siégé au bureau comme secrétaire provisoire. Il appartenait au parti légitimiste, qui a très vivement soutenu sa candidature.

DESMARS, élu à la Constituante par 68,184 voix, réélu le troisième par 71,098 voix. Né à Savenay, le 4 février 1811. Il a été reçu avocat, en 1835, à la Faculté de Paris. En 1847, il était élu membre du conseil général de son département. Il était membre du comité de l'Algérie et des colonies. Il a voté contre le droit au travail, contre les deux Chambres, pour le vote à la commune, pour la proposition Rateau, contre la mise en accusation du ministère du 20 décembre et généralement avec les membres de la réunion de la rue de Poitiers.

FAVRE (FERDINAND), élu à la Constituante par 82,291, réélu le deuxième par 72,669 voix. Né en 1779 à Couvit, canton de Neufchâtel. En 1830, après la révolution de juillet, il s'inscrivit l'un des premiers pour faire partie de l'escadron de cavalerie de la garde nationale. En 1832, il était maire de Nantes au moment de l'arrestation de la duchesse de Berri. Il a été cinq fois nommé maire de Nantes. Après la révolution de février 1848, il fut révoqué de ses fonctions. A la Constituante, il faisait partie du comité de l'administration départementale et communale. Il a voté contre le droit au travail, pour les deux Chambres, pour le vote à la commune, pour la proposition Rateau, pour la diminution de l'impôt du sel, contre la mise en accusation du ministère du 10 décembre. Il appartenait à la nuance des représentants qui se réunissaient rue de Poitiers.

FAVREAU (LOUIS-JACQUES), élu à la Constituante par 70,310 voix, réélu le huitième par 66,301 voix. Né à Nantes en 1812. Avoué, membre du conseil municipal de la ville de Nantes. Il faisait partie du comité de la justice, et plusieurs fois il a pris la parole sur des questions de législation. Il a voté contre le droit au travail, pour le vote à la commune, pour la proposition Rateau, pour la diminution de l'impôt du sel, pour la suppression des clubs, contre la mise en accusation du ministère. Il appartenait à la nuance des représentants qui se réunissaient rue de Poitiers.

GICQUEAU, élu le neuvième par 63,855 voix. Il

appartient au parti modéré. Sa candidature a été combattue à la fois par les démocrates-socialistes et par les républicains de la nuance de M. Billault.

GRANVILLE (ARISTIDE DE), élu à la Constituante par 76,849 voix, réélu le quatrième par 70,938 voix. Né le 17 mai 1791. Propriétaire agronome. Il a servi dans les chevau-légers sous la restauration. Il est membre du conseil d'arrondissement de Paimbœuf, et maire de la commune de Port-Saint-Père. Après février, il fut destitué de ses fonctions. A la Constituante il a voté contre le droit au travail, pour les deux Chambres, pour la proposition Rateau, contre la diminution de l'impôt du sel, pour la suppression des clubs, contre la mise en accusation du ministère du 20 décembre. Il appartenait à la nuance des représentants de la réunion de la rue de Poitiers.

LANCASTEL (DE), élu le septième par 69,225 voix. Il était porté sur la liste modérée qui avait été dressée d'accord entre l'ancien parti conservateur et le parti légitimiste.

ROCHETTE (ERNEST DE LA), élu à la Constituante par 73,722 voix, réélu le cinquième par 70,337 voix. Né à Saint-Étienne-de-Montlieu en 1804. Propriétaire, membre du conseil d'arrondissement de Savenay. A la Constituante, il faisait partie du comité des affaires étrangères, puis de l'agriculture et du crédit foncier. Il a voté contre le droit au travail, pour les deux Chambres, pour le vote à la commune, pour la proposition Rateau, pour la diminution de l'impôt du sel, pour la suppression des clubs, contre la mise en accusation du ministère du 10 décembre. Il appartenait au comité électoral de la rue de Poitiers.

SESMAISONS (OLIVIER DE), élu à la Constituante par 85,805 voix, réélu le premier par 79,288 voix. Né en 1801. Il est entré à l'École militaire en 1824 et a fait la première campagne d'Afrique. Il donna sa démission en 1830. Nommé membre du conseil général en 1845, il était déjà à cette époque président du comice agricole central du département de la Loire-Inférieure ; il est auteur de plusieurs ouvrages sur l'agriculture. Il était membre du comité de l'agriculture. Il a voté pour le droit au travail, pour les deux Chambres, pour le vote à la commune, pour la proposition Rateau, pour la diminution de l'impôt du sel, pour la suppression des clubs. Il était de la nuance des représentants de la rue de Poitiers.

LOIRET. — 7 REPRÉSENTANTS.

Ce département avait envoyé à la Constituante 8 représentants, 6 ont été réélus. — 2 nouveaux. — Non réélus, MM. Victor Considérant, Rondeau.

ABBATUCCI, élu à la Constituante par 60,840 voix, réélu le quatrième par 32,264 voix. Né à Zicavo en Corse, en 1791. En 1808, il alla étudier le droit à Pise, et se décida à entrer dans la magistrature. Nommé d'abord procureur du roi en 1816, il passa, trois ans après, à la Cour de Bastia comme conseiller, et il y était encore lorsqu'arriva la révolution de 1830. Dupont (de l'Eure) le fit, à cette époque, président de chambre de la Cour royale d'Orléans. Il fut nommé en même temps député de la Corse. En 1834 il ne fut pas réélu. En 1839, il fut envoyé par le collège d'Orléans et ne cessa depuis d'être dans les rangs de l'opposition de gauche. Après février, il fut appelé à la Cour d'appel de Paris et presque immédiatement à la Cour de cassation. À la Constituante, il était membre du comité de législation dont il était président. Il a voté contre le droit au travail, contre les deux Chambres, pour la proposition Rateau, contre la diminution de l'impôt du sel, contre la mise en accusation du ministère. Il appartenait à la nuance des représentants qui se réunissaient à l'Institut. Il est ami particulier du président de la république et de M. Odilon Barrot.

ARBEY, élu à la Constituante par 52,477 voix, réélu le troisième par 33,012. voix. Né en 1805. Avoué à Pithiviers, il a su se faire estimer de ses concitoyens qui l'envoyèrent à la Constituante sans qu'il eût des antécédents politiques. A l'Assemblée, il était membre du comité de la justice. Il a voté contre le droit au travail, contre les deux Chambres, pour la proposition Rateau, pour la diminution de l'impôt du sel, pour la loi sur les clubs Il appartenait au parti modéré qui l'a porté sur sa liste aux dernières élections.

LACAVE, élu à la Législative le cinquième par 29,859 voix. Ingénieur en chef des ponts et chaussées. Maire d'Orléans sous la restauration, il était du parti conservateur sous le dernier gouvernement.

MARTIN (ALEXANDRE), élu à la Constituante par 67,675 voix, réélu le deuxième par 33,897 voix. Né le 5 août 1805 à Rouen. A la révolution de juillet 1830, il organisa la colonne des volontaires rouennais, et se mit aussitôt en marche, avec elle, sur Paris. Il a été, pour ce fait, décoré de juillet. Sa famille ayant éprouvé des revers de fortune, il vint s'établir à Orléans. Membre du conseil municipal de cette ville, il fut, après la révolution de février, adjoint au commissaire du gouvernement provisoire et maire de la ville. A la Constituante, il était membre du comité des travaux publics. Il a voté pour le droit au travail, contre les deux Chambres, contre la proposition Rateau, pour la diminution de l'impôt du sel, contre la loi sur les clubs. Il appartenait à la nuance des représentants qui se réunissaient au Palais-National.

MICHOT-BOUTET, élu à la Constituante par 36,468 voix, réélu le septième par 27,309 voix. Né en 1815 à Saint-Sauveur (Yonne) de parents très pauvres. Menuisier depuis 1830, soldat au 1er régiment de lanciers en 1835, il quitta l'état militaire à l'expiration de son congé et alla s'établir menuisier et commerçant dans la petite ville de Gien. A la Constituante, il faisait partie du comité du travail. Il a voté pour le droit au travail, contre les deux Chambres, contre la proposition Rateau, pour la diminution de l'impôt du sel, contre la loi sur les clubs. Il appartenait à la nuance des représentants qui se réunissaient au Palais-National.

PÉAN (ÉMILE), élu à la Constituante par 40,332 voix, réélu le sixième par 29,079 voix. Né en 1806. Avoué à la Cour d'appel de Paris, membre de la commission municipale de la Seine; républicain avant la révolution de février, il appartenait à la rédaction du *National*, et il était le correspondant du journal *Le Loiret*. Il était membre du comité de la justice. Elu secrétaire dès le commencement de la Constituante, il a été constamment réélu depuis. Il appartenait à la réunion du Palais-National. Partisan très déclaré de la candidature du général Cavaignac à la présidence de la république, il a constamment voté contre le gouvernement du 10 décembre.

ROGER, élu à la Constituante par 68,783 voix, réélu le premier par 36,700 voix. Né en 1787. Il est mort depuis les élections du 13 mai 1849.

LOT. — 6 REPRÉSENTANTS.

Ce département avait envoyé à la Constituante 7 représentants, 5 ont été réélus. — 1 nouveau. — Non réélus,

MM. Carla et Rolland. — Electeurs inscrits, 90,146 ; — votants, 65,958.

AMBERT (JOACHIM), élu à la Constituante par 39,000 voix, réélu le sixième par 29,312 voix. Il a donné sa démission le 29 mai, avant la vérification des pouvoirs ; il a déclaré qu'il préférait rester dans l'armée à laquelle il appartient depuis plus de vingt-cinq ans.

CAVAIGNAC (le général LOUIS-EUGÈNE), élu à la Constituante par 44,000 voix, réélu le troisième par 31,663 voix, et à Paris le dix-septième par 111,305 voix. Né à Paris en 1802. Élève de l'Ecole polytechnique. En 1830, il était à Arras au moment de la révolution de juillet. En 1831, il fut un des signataires du projet d'*association nationale*. Le gouvernement le mit alors en non activité. En 1832, il fut envoyé en Afrique où il conquit tous ses grades. A la révolution de février, il fut nommé par le gouvernement provisoire général de division et gouverneur de l'Algérie. On lui offrit le ministère de la guerre, mais il le refusa, et ce n'est qu'à la réunion de la Constituante sous la commission exécutive qu'il l'accepta. Au 24 juin, il devint chef du pouvoir exécutif et président du conseil des ministres. Porté comme candidat à la présidence, il réunit plus de 1,500,000 voix. Depuis l'élection du 10 décembre, il a voté avec les représentants qui se réunissaient au Palais-National. Il a été porté dans le département du Lot par les républicains modérés et par les républicains démocrates.

LABROUSSE (ÉMILE), élu à la Constituante par 34,000 voix, réélu le quatrième par 31,452 voix. Né à Cahors en 1800. Ancien sous-directeur de l'Ecole polytechnique, puis chef d'institution. Il venait de céder son établissement lorsqu'on lui offrit l'emploi de payeur à l'armée du Nord ; il accepta ces fonctions, mais il donna bientôt sa démission. En 1832, il partit pour Bruxelles, où il fonda et dirigea avec succès l'Ecole centrale du Commerce et de l'Industrie. Il y était lors de la révolution de février. Il s'empressa de revenir en France, et M. Ledru-Rollin le nomma commissaire général des départements du Lot, de la Corrèze et du Cantal. A la Constituante, il était membre du comité de l'instruction publique. Il a voté contre les deux Chambres, contre la proposition Rateau, pour la mise en accusation du ministère du 12 décembre. Il appartenait à la réunion du Palais-National.

LAFON, élu le cinquième par 30,154 voix. Médecin; républicain avant 1848. Après la révolution de février, il a été nommé commissaire du gouvernement provisoire par M. Ledru-Rollin. Il était porté sur la liste des candidats démocrates-socialistes.

MURAT (LUCIEN), élu à la Constituante par 45,000 voix, réélu le premier par 36,258 voix, ainsi qu'à Paris le premier par 154,825 voix. Il est né le 16 mai 1803 à Milan, sous le pavillon français. Second fils de Joachim Murat, qui devint roi de Naples en 1808, il passa sa jeunesse dans cette ville. En 1815, il se rendit en Autriche avec sa mère, et y séjourna jusqu'en 1825, époque à laquelle, étant allé en Espagne, il y fut retenu prisonnier. Il parvint, toutefois, à recouvrer bientôt sa liberté, et s'embarqua pour les Etats-Unis. En 1831, il se maria; mais la fortune lui ayant été contraire, il se vit réduit, pour vivre honorablement, à fonder un pensionnat de demoiselles, dont sa femme prit la direction. Il revint en France après la révolution. A la Constituante, il était du comité des affaires étrangères. Il était membre du comité électoral de la rue de Poitiers. Il est dévoué à la politique du président de la république.

SAINT-PRIEST (DE), élu à la Constituante par

38,500 voix, réélu le deuxième par 35,572 voix. Né en 1801 à Bretenoux (Lot). Propriétaire, membre du conseil général de son département. En 1842, il fut élu député, et à la Chambre il vota constamment avec l'opposition de droite. Il proposa la réforme postale. En 1846, il ne fut point réélu. A la Constituante, il était membre du comité des finances. Il s'est encore occupé avec plus d'ardeur de la réforme postale, et il a été cette fois assez heureux pour la voir triompher. Il a voté contre le droit au travail, pour les deux Chambres, pour le vote à la commune, pour la proposition Rateau, pour la suppression des clubs, contre la mise en accusation du ministère du 20 décembre. Il appartenait à la nuance des représentants qui se réunissaient rue de Poitiers.

LOT-ET-GARONNE. — 7 REPRÉSENT.

Ce département avait envoyé à la Constituante 9 représentants, 7 ont été réélus. — Non réélus, MM. Dubruel et Vergnes.

BAZE, élu à la Constituante par 42,645 voix, réélu le cinquième par 47,802 voix. Né à Agen en 1800. Avocat. Nommé adjoint du maire en 1830, il donna sa démission. En 1848, comme en 1830, il refusa les fonctions de procureur général qu'on lui offrait. A la Constituante, il était membre du comité de la justice. Il a voté contre le droit au travail, pour les deux Chambres, pour le vote à la commune, pour la proposition Rateau, contre la mise en accusation du ministère du 20 décembre. Avocat très distingué, il a pris souvent la parole dans l'Assemblée constituante; il était un des orateurs du parti modéré. Il appartenait au comité électoral de la rue de Poitiers.

BERARD, élu à la Constituante par 39,248 voix,

réélu le deuxième par 48,274 voix. Né en 1820, issu d'une famille pauvre ; il entra à force de persévérance à l'École polytechnique, d'où il fut exclu par le maréchal Soult, pour avoir prononcé un discours sur la tombe de Jacques Laffitte. A la révolution de février, il était rédacteur du *National*. Il fut nommé lieutenant d'artillerie, puis commissaire du gouvernement provisoire dans le département de Lot-et-Garonne. A la Constituante, il était membre du comité des affaires étrangères. Il a pris plusieurs fois la parole et a attaché son nom à l'amendement sur le vote à la commune. Il a voté contre le droit au travail, pour les deux Chambres, pour le vote à la commune, pour la proposition Rateau, contre la diminution de l'impôt du sel, contre la mise en accusation du ministère. Il faisait partie du comité électoral de la rue de Poitiers. Il a été, pendant quelques mois, un des six secrétaires de l'Assemblée constituante.]

BOISSIÉ, élu à la Constituante par 42,679 voix, réélu le sixième par 47,759 voix. Né en 1806. Propriétaire, maire de Laugnac, et membre du conseil général du département depuis cinq ans. A la Constituante, il faisait partie du comité de l'administration départementale et communale. Il a voté contre le droit au travail, pour les deux Chambres, contre le vote à la commune, pour la proposition Rateau, pour la loi sur les clubs, contre la mise en accusation du ministère du 20 décembre. Il appartenait à la nuance modérée de la Constituante ; il a fait partie de la réunion de l'Institut.

LUPPÉ (IRÈNE DE), élu à la Constituante par 41,623 voix, réélu le sixième par 47,924 voix. Né à Tonneins en 1803, ancien élève du collége de Pont-Levoy, riche propriétaire du Mas-d'Agen. A la Constituante, il était membre du comité de l'administration départementale et communale. Il a voté contre le droit au travail, pour les deux Chambres, pour le vote à la commune, pour la proposition Rateau, contre la diminution de l'impôt du sel, contre la mise en accusation du ministère. Il appartenait à la nuance des représentants qui se réunissaient rue de Poitiers.

MISPOULET, élu à la Constituante par 44,565 voix, réélu le septième par 47,484 voix. Né en 1797 à Lacépède. Propriétaire. Ayant refusé la place de juge de paix sous la restauration, il fut nommé premier suppléant après 1830 et élu commandant de la garde nationale. Porté aux fonctions de maire en 1832, il donna sa démission en 1835. A la Constituante, il faisait partie du comité des cultes, comme protestant. Il a voté contre le droit au travail, pour les deux Chambres, pour le vote à la commune, pour la proposition Rateau, contre la mise en accusation du ministère du 20 décembre. Il appartenait à la nuance des représentants qui se réunissaient rue de Poitiers.

RADOULT-LAFOSSE, élu à la Constituante par 40,027 voix, réélu le troisième par 48,273 voix. Né à Villeneuve-d'Agen en 1779. Entré à l'École polytechnique, l'an XII de la république, et à l'École d'application de Metz, en 1806. Il a pris part à toutes les campagnes de l'empire, et à celles des Cent-Jours. Promu en 1842 au grade de général de brigade, il se retira en 1845 dans sa ville natale. Il était membre du comité de la guerre. Il a voté contre le droit au travail, pour les deux Chambres, pour le vote à la commune, pour la proposition Rateau, contre la diminution de l'impôt du sel, contre la mise en accusation du ministère du 20 décembre. Il appartenait à la réunion de la rue de Poitiers.

TARTAS (ÉMILE), élu à la Constituante par 48,504 voix, réélu le premier par 48,524 voix. Né à Mezin en 1796. Il entra au service, le 15 juillet 1814, dans les gardes du corps. Envoyé le 25 avril 1840, comme lieutenant-colonel du 6e de hussards, en Afrique, il y resta jusqu'en 1846, et revint en France pour prendre, comme général de brigade, le commandement du département de Lot-et-Garonne. A la Constituante, il était membre du comité de la guerre. Il a voté contre le droit au travail, pour les deux Chambres, pour le vote à la commune, pour la proposition Rateau, contre la diminution de l'impôt du sel, pour la loi sur les clubs, contre la mise en accusation du ministère du 20 décembre. Il a signé le manifeste de la république modérée.

LOZÈRE. — 3 REPRÉSENTANTS.

Ce département avait envoyé à la Constituante 4 représentants. — 1 réélu. — 2 nouveaux. — Non réélus, MM. Comandré, Des Moles ; M. Fayel était mort avant les élections. — Electeurs inscrits, 39,000 ; — nombre de votants, 27,000.

JAFFARD (Justin), élu le deuxième par environ 17,000 voix. Les républicains démocrates-socialistes, qui ont fait une propagande très active dans ce département, l'avaient porté sur leur liste et ont vivement soutenu sa candidature.

RENOUARD (Fortuné), élu à la Constituante par 8,568 voix, réélu le premier par environ 20,000. Né à Mende en 1792. Il a été longtemps avoué, puis avocat, et enfin conseiller de préfecture. Il appartenait au parti conservateur avant la révolution de février. Il était membre du comité de la justice. Il a voté contre le droit au travail, pour les deux Chambres, pour le vote à la commune, pour la proposition Rateau, contre la mise en accusation du ministère du 20 décembre. Il appartient à la réunion de la rue de Poitiers.

ROUSSEL (Théophile), élu le troisième par environ 15,000 voix. Il a été porté sur la liste des démocrates-socialistes, et c'est à leur concours qu'il doit le succès de son élection.

MAINE-ET-LOIRE. — 11 REPRÉSENT.

Ce département avait nommé 13 représentants à la Constituante, 7 ont été réélus. — 4 nouveaux. — Non réélus, MM. David (d'Angers), Dutier, Freslon, Jouneaux, Lefrançois et Tessié de Lamothe. — Électeurs inscrits, 151,062, votants, 104,313.

BINEAU, élu à la Constituante par 118,827 voix, réélu le troisième par 84,762 voix. Né en 1805. Ingénieur en chef des mines, ancien député du centre gauche, rapporteur du budget de 1848, il faisait partie du comité des finances et appartenait par ses votes à la fraction modérée de l'Assemblée nationale. Il a pris une part très active aux travaux de l'Assemblée.

BUCHER DE CHAUVIGNÉ, élu le huitième par 62,327 voix. Substitut du procureur du roi en 1830. Démissionnaire, il prit part aux menées légitimistes de 1832. Il est membre du conseil général de Maine-et-Loire. Un des chefs du parti légitimiste dans ce département, il a toujours travaillé activement à l'élection de M. de Falloux.

CESBRON-LAVAUX (Charles), élu à la Constituante par 59,384 voix, réélu le deuxième par 86,633 voix. Né à Chollet en 1791. Riche manufacturier et agriculteur, membre du conseil général, président du conseil des prud'hommes, président du tribunal de commerce; il appartenait au comité de l'agriculure et du crédit foncier. Il a voté pour les deux Chambres, pour le vote à la commune et pourle crédit foncier. Il faisait partie de la réunion de la rue de Poitiers.

FALLOUX (FRÉDÉRIC-ALFRED-PIERRE DE), élu à la Constituante par 58,955 voix, réélu le septième par 76,775 voix. Né le 11 mai 1811 d'une famille légitimiste. Député en 1846, il se prononça en faveur du mandat impératif et vota constamment avec l'opposition légitimiste. Il était un des partisans les plus zélés de la liberté de l'enseignement. Catholique fervent, il est auteur d'une *Histoire de Louis XVI* et de l'*Histoire de saint Pie V*. Ministre de l'instruction publique après l'élection du 10 décembre, il a pris une part active aux travaux de l'Assemblée. Il a été le rapporteur de la commission nommée par l'Assemblée pour la dissolution des ateliers nationaux. Il a vivement attaqué l'envoi projeté par le général Cavaignac de commissaires généraux dans les départements pour y éclairer l'opinion publique avant l'élection du président de la république. Il conserve son portefeuille dans le nouveau cabinet, et il y représente la nuance légitimiste de l'Assemblée.

FARRAN (JEAN), élu à la Constituante par 116,169 voix, réélu le sixième par 77,939. Né en 1791. Colonel de la garde nationale, membre du conseil général, maire d'Angers, et député du centre gauche en 1837; il passa bientôt à la gauche et vota même quelquefois avec l'extrême gauche. Membre du comité des finances. Il a voté contre le droit au travail, pour les deux Chambres, pour la proposition Rateau-Lanjuinais et pour la suppression des clubs

GAIN, élu le dixième par 52,739 voix. Substitut démissionnaire en 1830, à cause de ses opinions légitimistes; il a défendu en 1832 les chouans devant la Cour d'assises de Maine-et-Loire.

GIRAUD (AUGUSTIN), élu le neuvième par 53,528

voix. Propriétaire. Nommé député en 1831, il a siégé à la Chambre jusqu'en 1837; il a toujours voté avec les membres les plus exagérés de l'ancien parti doctrinaire. Depuis, les électeurs l'avaient constamment repoussé. Destitué de la mairie d'Angers en 1837 sous le ministère Molé, il avait été de nouveau imposé comme maire à cette ville par le cabinet Guizot-Duchâtel, et l'on sait quelle lutte ardente et persévérante s'établit entre l'administration de M. Giraud et le conseil municipal. Sa candidature a été soutenue avec acharnement par l'ancien parti conservateur.

GUILLIER DE LATOUSCHE (CAMILLE), élu à la Constituante par 125,033 voix, réélu le quatrième par 83,633. Né à Angers le 4 mai 1800. Médecin, puis fondateur d'une maison de banque, maire d'Angers après le 24 février. Il faisait partie du comité des finances et votait avec la réunion de la rue de Poitiers.

LADEVANSAYE, élu le onzième par 50,358 voix. Propriétaire. Par son origine et par ses relations de famille, il appartient au parti légitimiste qui a vivement soutenu sa candidature.

LOUVET (CHARLES), élu à la Constituante par 86,842 voix, réélu le cinquième par 83,193 voix. Né d'une famille de commerçants, à Saumur, le 22 octobre 1806. Avocat d'abord, puis banquier, membre du conseil général en 1837, maire en 1844, auteur d'une brochure sur l'économie politique, l'un des membres les plus actifs du comité des finances. Il a constamment voté avec la fraction modérée de l'Assemblée qui se réunissait rue de Poitiers.

OUDINOT (le général), élu à la Constituante par 103,538 voix, réélu le premier par 86,764, et aussi dans la Meuse par 34,949. Né à Bar-le-Duc le 3 novembre 1791. Page de l'empereur en 1805, il figura depuis dans les principales guerres de l'empire, réorganisa sous la restauration l'école de cavalerie de Saumur, commanda en 1835 la 1re brigade du corps expéditionnaire de Mascara; il fut élu député en 1842 et vota constamment avec le centre gauche. Il commande aujourd'hui le corps expéditionnaire d'Italie. Retenu longtemps à la tête de l'armée des Alpes, il a pris peu de part aux travaux de la Constituante; ses votes le rangent au nombre des représentants du parti modéré. Il était membre du comité de la guerre. Il a été nommé chef de l'expédition de Civita-Vecchia.

MANCHE. — 13 REPRÉSENTANTS.

Ce département avait nommé 15 représentants à la Constituante. 4 ont été réélus, — 9 nouveaux. — Non réélus : MM. Boulatignier, Delouche, Demésange, Diguet, Abraham Dubois, Dudouyt, Des Essarts, Havin, Laumondais, Lempereur, Perrée. — Electeurs inscrits, 163,000.

BOUVATIER, élu à l'Assemblée législative le quatrième par 69,699 voix. Ancien officier; maire d'Avranches. Il était porté sur la liste des candidats du parti modéré.

BRÉHIER, élu à l'Assemblée législative le douzième par 57,106 voix. Ancien sous préfet; son élection a été appuyée par le parti modéré et par les bonapartistes. Il a été précepteur de Louis-Napoléon Bonaparte pour lequel il professe le plus grand dévouement.

DARU (PAUL), élu à la Constituante en remplacement de M. Lempereur, réélu le deuxième par 77,491 voix. Ancien pair de France. A la Constituante il était membre du comité des travaux publics. Il a voté contre la mise en accusation du ministère du 20 décembre et pour la suppression des clubs. Il faisait partie du comité électoral de la rue de Poitiers.

DUPARC, élu à l'Assemblée législative, le neuvième par 65,009 voix. Ancien officier de la garde royale. Son élection est due aux efforts du parti légitimiste.

FERRÉ-DES-FERRIS, élu à l'Assemblée législative le onzième par 62,496 voix. Propriétaire. Il était un des candidats du parti modéré qui a vivement appuyé son élection.

GASLONDE, élu à la Constituante par 51,500 voix, réélu le cinquième par 69,369 voix. Né à Granville en 1810. Professeur à la Faculté de droit de Dijon. Il faisait partie à l'Assemblée du comité des finances, il a voté contre les deux Chambres, et pour le vote à la commune, contre la suppression du remplacement militaire, pour la proposition Rateau-Lanjuinais, et contre la suppression des clubs.

GOULHOT DE SAINT-GERMAIN, élu à l'Assemblée législative le dixième par 64,273 voix. Ancien sous-préfet. Il professait des opinions libérales sous la dernière monarchie ; on peut le classer parmi les républicains modérés.

HERVÉ DE SAINT-GERMAIN, élu à l'Assemblée législative le sixième par 69,276 voix. Propriétaire, membre du conseil général de la Manche. Il figurait au nombre des candidats du parti modéré. Les légitimistes ont chaudement soutenu sa candidature.

LEMAROIS, élu à l'Assemblée législative le septième par 68,310 voix. Né en 1801. Ancien député; fils du général Lemarois, aide-de-camp de l'empereur Napoléon; ancien secrétaire d'ambassade. Sous la dynastie déchue, il siégeait au centre gauche; cependant, lors des élections de 1837, il se fit appuyer contre M. de Tocqueville, par l'administration; mais il répondit au reproche qui lui en fut fait, en déclarant qu'il ne s'était point séparé et qu'il ne se séparerait jamais de l'opposition. Le parti modéré l'avait porté sur sa liste.

LEVERRIER, élu à l'Assemblée législative le treizième par 56,674 voix. Membre de l'Académie des sciences; célèbre par la découverte d'une nouvelle planète. Candidat porté sur la liste du parti modéré.

NOEL, élu à l'Assemblée législative le huitième par 65,033 voix. Ancien élève de l'École polytechnique; ancien sous-préfet de Cherbourg. Sa candidature a été soutenue par le parti des anciens conservateurs.

TOCQUEVILLE (HENRI-ALEXIS DE), élu à la Constituante par 110,704 voix, réélu le premier par 82,404 voix. Né en 1805. Juge d'instruction en 1826; juge suppléant en 1830; envoyé en 1831 en Amérique pour y étudier le régime des prisons; auteur de *la Démocratie en Amérique*, ouvrage couronné par l'Académie en 1835, et qui a eu un grand succès. Membre de l'Académie des sciences morales et politiques en 1837, et plus tard de l'Académie française. Député de l'opposition en 1839. Il faisait partie, à l'Assemblée constituante, du comité de l'instruction publique. Deux fois il a pris la parole avec un talent très remarquable, pour combattre l'amendement de M. Mathieu de la Drôme, relatif au droit au travail, et pour appuyer le principe de la nomination du président de la république par le suffrage universel. Il a voté pour les deux Chambres et contre le vote à la commune, pour la proposition Rateau-Lanjuinais, contre la réduction de l'impôt du sel et pour la suppression des clubs. Il est entré dans le cabinet du 2 juin comme ministre des affaires étrangères.

VIEILLARD (NARCISSE), élu à la Constituante par 117,556 voix, réélu le troisième par 75,084 voix. Né en 1791. Élève de l'École polytechnique, il entra dans un régiment d'artillerie et fit avec distinction les campagnes de Russie et de France. Retiré du service sous les Bourbons, il fut chargé de l'éducation de Napoléon Bonaparte, frère du président de la république qui alla mourir en 1831, pour la défense des libertés italiennes, sous les murs d'Ancône. Député de l'extrême gauche en 1842. Il faisait partie, à l'Assemblée, du comité de la guerre, et il a constamment voté avec les républicains modérés de la réunion de l'Institut. C'est un ami particulier et très dévoué du président de la république.

MARNE. — 8 REPRÉSENTANTS.

Ce département avait nommé 9 représentants à la Constituante, 4 ont été réélus. — 4 nouveaux. — Non réélus, MM. Bailly, Dérodé, Ferrand, Leblond et Pérignon. — Electeurs inscrits, 107,296.

AUBERTIN (ÉDOUARD), élu à la Constituante par 63,168 voix, réélu le troisième par 54,613 voix. Né en 1814. Commissionnaire de roulage, juge au tribunal de commerce de Châlons. Il était, à l'Assemblée, secrétaire du comité du commerce et de l'industrie. Il a voté contre les deux Chambres et pour le vote à la commune, contre la suppression du remplacement militaire, pour la proposition Rateau-Lanjuinais, contre la réduction de l'impôt du sel, pour la suppression des clubs, pour l'ordre du jour en faveur du ministère dans la discussion sur les affaires d'Italie, et généralement avec la réunion de la rue de Poitiers.

BERTRAND (jean), élu à la Constituante par 77,207 voix, réélu le premier par 55,983 voix. Né en 1809. Membre du conseil municipal de Vitry-le-Français, il s'occupa activement du développement de l'instruction primaire et secondaire, de l'établissement des associations agricoles, et des progrès de la presse départementale. Aux élections de 1846, il était le candidat de l'opposition libérale. Membre du comité des finances, à l'Assemblée, il a voté pour les deux Chambres et le vote à la commune, pour la proposition Rateau-Lanjuinais, contre la réduction de l'impôt du sel, pour la suppression des clubs, et généralement avec la réunion de la rue de Poitiers.

CARTERET, élu le sixième par 45,855 voix. Ancien notaire. Sous le dernier gouvernement, il était maire de Reims. C'est un ancien conservateur, mais ami du progrès; il a des instincts démocratiques, et il a accepté loyalement la république.

FAUCHER (léon), élu à la Constituante par 84,263 voix, réélu le deuxième par 55,402 voix. Né à Limoges, en septembre 1804. Agrégé de philosophie en 1827; précepteur des enfants de M Dailly, maître de poste à Paris; rédacteur en chef du *Temps*, du *Courrier Français*, et du *Constitutionnel*, de 1830 à 1842; auteur des *Etudes sur l'Angleterre*, de la *Réforme des prisons*, de l'*Union du Midi*, des *Recherches sur l'or et sur l'argent*; député de l'opposition en 1846; administrateur du chemin de fer de Strasbourg. Nommé, après l'élection du 10 décembre, ministre des travaux publics, puis ministre de l'intérieur, il a fait preuve d'une grande énergie contre les attaques dont il a été l'objet pendant la durée de son administration. Il a défendu le principe du cautionnement des journaux, demandé la suppression des clubs, combattu presque toutes les mesures financières du gouvernement provisoire. L'opposition lui a principalement reproché la nomination des préfets qui s'étaient compromis par excès de zèle sous le gouvernement déchu en 1848, la liquidation des pensions de préfets qui s'étaient retirés de la carrière administrative, pour cause de santé, après la révolution de février, et la dépêche télégraphique envoyée aux préfets quelques jours avant les élections du 13 mai.

MONTÉBELLO, élu le septième par 43,438 voix. Duc, ancien pair de France, ancien ambassadeur en Suisse et à Naples, ancien ministre de la marine, dans le cabinet Guizot. Fils du maréchal Lannes. Il était, sous la monarchie de la branche cadette, un des membres les plus ardents du parti conservateur.

SOULLIÉ, élu à la Constituante par 46,286 voix, réélu le cinquième par 36,478 voix. Né à Cunières le 17 mars 1795. Enrôlé volontaire en 1813, avocat depuis la chute de l'empire jusqu'en 1830, membre du conseil municipal jusqu'en 1840. Il faisait partie du comité de législation. Il a voté pour les deux Chambres et pour le vote à la commune, et généralement avec les membres de la réunion de la rue de Poitiers.

THURIOT DE LA ROSIÈRE, élu le huitième par 36,230 voix. Il appartient au parti modéré qui l'avait porté sur sa liste.

TIRLET, élu le quatrième par 48,182 voix. Candidat du parti modéré, dont la liste a passé tout entière dans ce département.

MARNE (HAUTE-). — 5 REPRÉSENT.

Ce département avait nommé 7 représentants à la Constituante, 2 ont été réélus. — 3 nouveaux. — Non réélus, MM. Montrol, Walferdin, Delarbre, Milhoux et Couvreux.

BEUGNOT, élu le troisième par 31,597 voix. Ancien pair de France. Il était porté sur la liste des candidats du parti modéré. Il a été appuyé tout à la fois par les légitimistes et par les anciens conservateurs.

CHAUCHART (JEAN-BAPTISTE-HIPPOLYTE), élu à la Constituante par 39,049 voix, réélu le premier par 34,447 voix. Né à Langres le 8 mars 1808. Sous-chef au ministère de l'instruction publique, auteur d'un *Cours méthodique de Géographie*, membre du conseil général. Il faisait partie du comité de l'instruction publique. Il a voté pour les deux Chambres et pour le vote à la commune, contre le décret qui fixait à dix les lois organiques, contre la réduction de l'impôt du sel, pour la suppression des clubs, pour l'ordre du jour en faveur du ministère dans la discussion sur les affaires d'Italie. Il appartenait à la réunion de la rue de Poitiers.

LESPÉRUT, élu le deuxième par 33,723 voix. Il était candidat du parti modéré, dont la liste a passé tout entière dans ce département.

TOUPOT DE BÉSVAUX (HENRI-CAMILLE), élu à la Constituante par 32,094 voix, réélu le cinquième par 26,923 voix. Né à Chaumont le 1er avril 1800. Ancien sous-préfet, démissionnaire après la révolution de février. Il était membre du comité du commerce et de l'industrie. Il a voté pour les deux Chambres et pour le vote à la commune, pour la proposition Rateau-Lanjuinais, contre la réduction de l'impôt du sel, pour la suppression des clubs, et pour l'ordre du jour en faveur du ministère dans la discussion sur les affaires d'Italie. Il était de la réunion de la rue de Poitiers, avec laquelle il a constamment voté.

VANDEUIL (DE), élu le quatrième par 27,276 voix. Né en 1775. Maître de forges, ancien député, ancien pair de France. Il était un des soutiens les plus zélés de la politique du gouvernement déchu en février. Porté sur la liste des modérés, il a été spécialement le candidat des anciens conservateurs, et c'est à leur concours qu'il a dû le succès de son élection.

MAYENNE. — 8 REPRÉSENTANTS.

Ce département avait nommé 9 représentants à la Constituante, 7 ont été réélus. — 6 nouveaux. — Non réélus, MM. Boudet, Chambolle, Chenais, Dubois-Fresney, Dutreil, Jamet et Roussel. — Électeurs inscrits, 106,262 ; votants, 70,212.

BERSET (DE), élu le premier par 32,786 voix. Propriétaire, fils d'un ancien député de la restauration. Il appartient au parti légitimiste.

BIGOT (LOUIS-JULIEN-HENRI), élu à la Constituante par 77,796 voix, réélu le septième par 31,726 voix. Né le 17 septembre 1805. Maître de forges, gendre de M. Caillard, fondateur des messageries de ce nom ; ancien député de l'opposition modérée, commissaire du gouvernement en février 1848, membre du comité des travaux publics. Il a voté pour les deux Chambres, contre la suppression du remplacement militaire, pour la proposition Rateau-Lanjuinais, contre la réduction de l'impôt du sel, et pour l'ordre du jour en faveur du ministère dans la discussion des affaires d'Italie. Il faisait partie de la réunion de l'Institut.

DAMBRAY, élu le sixième par 32,109 voix. Propriétaire, fils de l'ancien chancelier de France sous la restauration. Légitimiste ardent.

GOYET-DUBIGNON (CHARLES-ÉDOUARD), élu à la Constituante par 68,613 voix, réélu le quatrième par

32,409 voix. Né le 12 août 1809, fils d'un membre du Conseil des anciens et du Corps législatif, procureur du roi à Montbéliard; il refusa, pour conserver son indépendance, l'offre que lui faisait le ministre Persil d'une position supérieure, et donna sa démission. Nommé président du tribunal civil de Mayenne, par le gouvernement de février, il donna encore sa démission pour cause d'incompatibilité avec son mandat de représentant. Membre du comité de l'intérieur à l'Assemblée. Il a voté contre les deux Chambres et le vote à la commune, contre la suppression du remplacement militaire, pour la proposition Rateau-Lanjuinais, contre la réduction de l'impôt du sel, pour la suppression des clubs et pour l'ordre du jour en faveur du ministère dans la discussion sur les affaires d'Italie.

LA BROISE (DE), élu le deuxième par 32,604 voix. Propriétaire, membre du conseil général de la Mayenne, ancien garde-du-corps. Légitimiste ardent.

LAUREAU, élu le cinquième par 32,314 voix. Ancien juge à Laval, sous la restauration, il donna sa démission, après juillet 1830, pour ne pas prêter serment à la nouvelle dynastie. Il appartient encore au parti légitimiste.

LOSE (DE), élu le huitième par 31,722 voix. Propriétaire, âgé de 65 ans environ; il a été candidat de la droite à la Chambre des députés, sous le ministère Polignac; il appartient encore au parti légitimiste; il est partisan de la liberté de l'enseignement.

VAUJUAS (DE), élu le troisième par 32,451 voix. Propriétaire, né à Laval, membre du conseil général. Légitimiste modéré, catholique sincère, il est partisan la liberté de l'enseignement.

MEURTHE. — 9 REPRÉSENTANTS.

Ce département avait envoyé 11 représentants à la Constituante, 1 a été réélu. — 8 nouveaux. — Non réélus, MM. Charron, Deludre, Ferry, Laflize, Leclerc, Liouville, Marchal, Saint-Ouen, Viox, Vogin. — Electeurs inscrits, 122,416.

ADELSWAERD (d'), élu à la Constituante par 42,123 voix, réélu le deuxième par 46,443 voix. Né à Longwy le 18 décembre 1811, élève de l'Ecole de Saint-Cyr, puis de l'Ecole d'état-major, aide-de-camp du général Baraguey-d'Hilliers en Afrique; il quitta le service pour cause de blessure, avec le grade de capitaine d'état-major. Chef de bataillon de la garde nationale et administrateur du bureau de bienfaisance de Nancy. Il faisait partie du comité de l'Algérie et des colonies. Il a voté pour les deux Chambres et le vote à la commune, pour la proposition Rateau-Lanjuinais, contre la réduction de l'impôt du sel et pour la suppression des clubs. Il faisait partie de la réunion de la rue de Poitiers, et il fut l'intermédiaire du général Cavaignac près de cette réunion, lors des événements qui renversèrent la commission exécutive et élevèrent le général Cavaignac à la présidence du conseil.

FABVIER, élu le quatrième par 41,697 voix. Lieutenant-général, grand officier de la Légion d'honneur, ancien pair de France. Sous la monarchie de la branche cadette, il appartenait au parti conservateur. Il est célèbre par son dévouement à la cause de l'indépendance du peuple grec; mais depuis vingt ans il a donné bien peu de preuves de son ancien zèle pour la liberté.

FOBLANT (de), élu le huitième par 25,206 voix,

Il était porté sur la liste du parti modéré; mais les conservateurs et les légitimistes se sont divisés sur sa candidature, et il a eu beaucoup moins de voix que les autres candidats de la même nuance.

GÉRARD, élu le troisième par 40,203 voix. Commandant du génie. Il a été porté par le parti modéré, qui se compose, dans ce département, des anciens conservateurs et des légitimistes.

MICHAUD AINÉ, élu le cinquième par 39,061 voix. Membre du conseil général. Sa candidature a été soutenue très vivement par l'ancien parti conservateur.

MONET, élu le sixième par 37,835 voix. Maire de Nancy. Il était porté sur la liste des candidats du parti modéré.

SALMON, élu le septième par 27,695 voix. Cultivateur. Il a dû son élection au concours des républicains de la veille et des républicains démocrates-socialistes.

VATRY (DE), élu le premier par 51,321 voix. Né en 1789. Ancien officier, ancien agent de change, ancien député du centre; il vota les lois de septembre, de dotation et de disjonction; il vota également l'indemnité Pritchard. Deux fois seulement, il a voté contre le ministère, lors de la coalition et dans la question d'incompatibilité des fonctionnaires publics.

VIARD, élu le neuvième par 20,407 voix. Membre du conseil général pour le canton de Pont-à-Mousson. La division des diverses nuances du parti modéré a été très grande pour sa candidature, et il n'est arrivé que le dernier sur la liste des élus.

MEUSE. — 7 REPRÉSENTANTS.

Ce département avait envoyé 8 représentants à la Constitutante, 4 ont été réélus. — 3 nouveaux. — Non réélus, MM. Buvignier, Launois, Moreau, Dessaux. — Electeurs inscrits, 92,948.

CHADENET, élu à la Constituante par 37,260 voix, réélu le sixième par 32,178 voix. Né en 1798. Avocat à Verdun, élu souvent bâtonnier de son ordre depuis 1821; membre et secrétaire habituel du conseil général de la Meuse depuis 1830; trois fois candidat de l'opposition sous le régime déchu. Il faisait partie, à l'Assemblée, du comité de l'administration départementale et communale. Il a voté pour l'impôt proportionnel, contre les deux Chambres et le vote à la commune, contre la suppression du remplacement militaire, pour la proposition Rateau-Lanjuinais, contre la réduction de l'impôt du sel, et pour l'ordre du jour en faveur du ministère dans la discussion sur les affaires d'Italie.

ÉTIENNE, élu à la Constituante par 38,111 voix, réélu le premier par 40,565 voix. Né en 1801; fils de M. Etienne, auteur dramatique; référendaire à la Cour des comptes en 1830; député du centre gauche en 1839, 1842 et 1846, il prit alors une part très active aux travaux parlementaires; membre de plusieurs commissions, il s'occupa principalement des questions de finances et réclama avec persévérance la régularisation de la comptabilité dans l'administration de la marine. Il était, à l'Assemblée, vice-président du comité des finances; il a voté pour les deux Chambres et contre le vote à la commune, pour la proposition Rateau-Lanjuinais, contre l'impôt du sel, pour la suppression des clubs, et pour l'ordre du jour en faveur du ministère dans la discussion sur les affaires d'Italie.

GILLON (PAULIN), élu à la Constituante par 36,759 voix, réélu le deuxième par 38,368 voix. Né à Rubécourt en 1797. Avocat à Bar-sur-Ornain; maire de cette ville sous le ministère de M. Guizot; ancien député du centre gauche; membre du comité du travail, à l'Assemblée. Il a voté pour les deux Chambres et le vote à la commune, contre le décret qui fixait à dix les lois organiques, contre la réduction de l'impôt du sel, pour la suppression des clubs, contre la suppression de l'indemnité au commandant des gardes nationales de la Seine, et généralement comme les membres de la réunion de la rue de Poitiers à laquelle il appartenait.

OUDINOT (le général), élu le quatrième par 34,949 voix (Voir sa notice au département de Maine-et-Loire dans lequel il a été également élu).

RAULIN, élu le septième par 31,616 voix. Il a été porté sur la liste des candidats modérés qui a passé tout entière dans le département de la Meuse.

SALMON (CHARLES-AUGUSTE), élu à la Constituante par 47,207 voix, réélu le troisième par 36,077 voix. Né à Riche le 27 février 1805. Procureur de la république à Saint-Mihiel; auteur d'un ouvrage sur les devoirs des instituteurs primaires, couronné par l'Académie; secrétaire du comité de l'instruction publique, à l'Assemblée. Il a voté pour les deux Chambres, contre le vote à la commune, pour le décret qui fixe à dix les lois organiques, pour la proposition Rateau-Lanjuinais, contre la réduction de l'impôt du sel, pour la suppression des clubs, contre celle de l'indemnité au commandant des gardes nationales de la Seine, et pour l'ordre du jour en faveur du ministère dans la discussion sur les affaires d'Italie.

SIMONNOT, élu le cinquième par 32,474 voix. Candidat du parti modéré, les anciens conservateurs et les légitimistes ont appuyé son élection.

MORBIHAN. — 10 REPRÉSENTANTS.

Ce département avait nommé 12 représentants à la Constituante : 5 ont été réélus, — 5 nouveaux. — Non réélus : MM. Beslay, Daniello, Dubordan, Fournas, Harscouet de Saint-Georges père, Leblanc et De Perrien. — Électeurs inscrits, 127,269 ; nombre des votants, 86,060.

CRESPEL DE LATOUCHE (LOUIS), élu à la Constituante par 60,000 voix, réélu le sixième par 55,103 voix. Il est mort dans la nuit du 31 mai d'une attaque de choléra.

DAHIREL (HYACINTHE), élu à la Constituante par 54,000 voix, réélu le premier par 61,701 voix. Né à Ploërmel le 15 octobre 1804. Avocat, bâtonnier de l'ordre à Lorient, membre du conseil municipal. Il faisait partie du comité de la marine. Il a voté pour les deux Chambres et le vote à la commune, contre la suppression du remplacement militaire, pour la proposition Rateau-Lanjuinais, pour la suppression des clubs, pour l'ordre du jour en faveur du ministère dans la discussion sur les affaires d'Italie. Il faisait partie de la réunion de la rue de Poitiers. Il appartient aux opinions légitimistes.

HARSCOUET DE SAINT - GEORGES, élu le deuxième à l'Assemblée législative par 61,341 voix. Fils de l'ancien représentant à la Constituante qui, cette fois, ne s'est pas mis sur les rangs. Pendant les journées de juin, il a combattu dans les rangs de la garde nationale et a reçu une blessure. Il a été élu par les légitimistes. Il appartient à la nuance de M. Berryer.

KERIDEC (de), élu le septième à l'Assemblée législative par 55,020 voix. Propriétaire à Hennebon. Très charitable et très estimé. Ancien magistrat avant 1830, il donna sa démission pour ne pas servir la nouvelle dynastie. Il appartient au parti légitimiste. C'est un homme de quarante-cinq ans environ.

LAROCHEJAQUELEIN (henri de), élu à la Constituante par 61,000 voix, réélu par 56,600 voix. Né d'une ancienne famille du Poitou le 28 septembre 1805. Créé pair de France en 1815 ; il entra au service en 1821 et fit la guerre d'Espagne en 1823. Il était en 1828 officier dans les grenadiers à cheval de la garde royale, et fut autorisé à combattre au service de la Russie, contre les Turcs, dans les Balkans. A la révolution de 1830, il abdiqua son titre de pair de France dont son âge ne lui avait pas permis encore d'exercer les fonctions. Nommé député en 1842, il prit part à la majeure partie des discussions de la Chambre. Démissionnaire à la suite de l'affaire dite *des flétris,* il fut réélu un mois après par le collège de Ploërmel. Après la révolution de février, il a été un des premiers parmi les légitimistes à offrir son concours à la nouvelle république dans une adresse solennelle. Il faisait partie du comité des affaires étrangères. Dévoué par honneur à la branche aînée des Bourbons, sans être pour cela ennemi des réformes, il a voté pour les deux Chambres et le vote à la commune, pour l'amendement Grévy dans la question de la présidence, contre la suppression du remplacement militaire, pour la proposition Rateau-Lanjuinais, contre la réduction de l'impôt du sel, et pour l'ordre du jour en faveur du ministère dans la discussion sur les affaires d'Italie.

LE CROM, élu le neuvième à l'Assemblée législative par 54,242 voix. Prêtre, professeur au grand séminaire de Vannes. Un des membres les plus instruits du clergé. Il est partisan de la liberté d'enseignement. Il est âgé de quarante-cinq à cinquante ans. Il a été porté par le parti légitimiste dont la liste tout entière a passé dans ce département.

MONNIER (GEORGES), élu le quatrième à l'Assemblée législative par 55,995 voix. Ancien avocat, professeur à Vannes ; il est âgé d'environ cinquante-cinq ans. Légitimiste de la nuance de M. Berryer.

NETTEMENT (ALFRED), élu le dixième à l'Assemblée législative par 53,065 voix. Homme de lettres, ancien rédacteur de la *Quotidienne*. Il appartient au parti légitimiste. C'est un écrivain très littéraire et de beaucoup de mérite.

PARISIS, élu à la Constituante par 60,000 voix, réélu le cinquième par 55,544 voix. Né à Gien en 1793. Ancien curé de Gien et d'Orléans ; évêque de Langres. Partisan déclaré de la liberté religieuse et de la liberté de l'enseignement, il est auteur de plusieurs écrits sur ces deux questions importantes. Il présidait, à l'Assemblée le comité des cultes ; il a voté pour les deux Chambres et le vote à la commune, pour la proposition Rateau-Lanjuinais, pour la suppression des clubs, et pour l'ordre du jour en faveur du ministère dans la discussion sur les affaires d'Italie. Il a été élu par les légitimistes.

PIOGER (FRÉDÉRIC DE), élu à la Constituante par 60,000 voix, réélu le huitième par 55,020 voix. Né à Saint-Vincent le 1er août 1816. Il s'est fait connaître, comme publiciste, par plusieurs articles sur l'histoire, la philosophie et la politique. Il faisait partie, à l'Assemblée, du comité de la guerre et de celui de l'instruction publique. Il a voté pour les deux Chambres et le vote à la commune, contre la suppression du remplacement militaire, pour la proposition Rateau-Lanjuinais, pour la réduction de l'impôt du sel, pour la suppression des clubs, et contre la suppression de l'indemnité au commandant des gardes nationales de la Seine. Il était candidat du parti légitimiste.

MOSELLE. — 9 REPRÉSENTANTS.

Ce département avait nommé 11 représentants à la Constituante. — 9 nouveaux. — Non réélus, MM. Antoine, Bardin, Deshayes, Despagne, Jean Reynaud, Labbé, Poncelet, Gustave Rolland, Totain, Valette, Voirhaye. — Electeurs inscrits, 115,444 ; votants, 76,154.

ACHARD, élu le cinquième par 43,244 voix. Général, baron, grand'croix de la Légion d'honneur, ancien pair de France. Sous la monarchie de Louis-Philippe il appartenait au parti conservateur avec lequel il a constamment voté à la Chambre des pairs. Il a servi sous l'empire, et sa candidature a été particulièrement appuyée par les bonapartistes de la Moselle, qui, l'année dernière, avaient nommé représentant Louis-Napoléon Bonaparte.

COETLOSQUET (DU), élu le troisième par 52,730 voix. Il appartient au parti légitimiste, mais ses opinions politiques sont loin d'être ardentes, et il a été accepté sans efforts par les anciens conservateurs de la dynastie d'Orléans. Il est membre du conseil général de la Moselle.

FAULTRIER (DE), élu le huitième par 40,009 voix. Ancien avocat-général à la Cour royale de Metz. Conservateur très ardent sous le gouvernement renversé par la révolution de février.

HUNOLSTEIN (D'), élu le neuvième par 57,776 voix. Propriétaire. Membre du conseil général de la

Moselle. Nommé député en 1842 par le collège de Thionville. Il a voté pour l'indemnité Pritchard, et constamment avec le ministère Guizot, contre toutes les propositions émanées de l'opposition.

LA DOUCETTE, élu le deuxième par 54,077 voix. Né en 1809 ; il entra à l'école militaire de Saumur, en 1831, et il fut officier de cavalerie jusqu'en 1837 ; il quitta alors la carrière militaire pour entrer au conseil d'Etat où il était maître des requêtes en 1848. Il est membre du conseil général de la Moselle. Les souvenirs de son père, ancien député de l'opposition libérale, l'ont fait porter sur toutes les listes ; il siégera parmi les républicains modérés de la nuance de M. Dufaure.

NEY DE LA MOSKOWA, élu le premier par 58,237 voix (Voir, pour sa notice, au département d'Eure-et-Loir, où il a été également élu).

SALIS (de), élu le septième par 41,011 voix. Propriétaire. Ancien capitaine d'artillerie, sous le gouvernement de la branche cadette des Bourbons ; il professait des opinions légitimistes. Aux dernières élections, il était présenté comme candidat du parti napoléonien.

SONIS, élu le sixième par 41,376 voix. Propriétaire. Il était porté sur la liste des candidats du parti modéré, qui a passé tout entière dans ce département, et dont les républicains qui avaient donné le plus de gages aux principes d'ordre et de modération ont été tous exclus.

WENDEL (de), élu le quatrième par 45,131 voix. Maître de forges. Sa candidature a été soutenue par le parti légitimiste auquel il appartient depuis longtemps. Il est membre du conseil général de la Moselle.

NIÈVRE. — 7 REPRÉSENTANTS.

Ce département avait envoyé 8 représentants à la Constituante, 2 ont été réélus. — 5 nouveaux. — Non réélus, MM. Archambault, Girerd, Grangier de la Marinière, Lafontaine, Manuel, Martin. — Electeurs inscrits, 88,144; votants, 65,811.

DUPIN aîné (ANDRÉ-MARIE-JACQUES), élu à la Constituante par 24,140 voix, réélu le septième par 24,478 voix. Né à Varzy le 1er février 1783. Ce fut lui qui, vers la fin du directoire, soutint, à 23 ans, devant Treilhard, la première thèse pour le doctorat en droit, depuis le rétablissement des écoles. Au moment où arrivèrent la chute de Napoléon et la première restauration, il était membre d'une commission nommée par le grand-juge pour la classification des lois de l'empire. Représentant de la Nièvre à la Chambre de 1815, il combattit avec énergie la proposition faite par Félix Lepelletier d'élever une statue à Napoléon sur les bords du golfe Juan. Après le désastre de Waterloo, il s'opposa, dans la séance secrète du 21 juin, à ce qu'on proclamât Napoléon II. Défenseur du maréchal Ney, de la mémoire du maréchal Brune, des trois Anglais qui avaient favorisé l'évasion de Lavalette, du duc de Rovigo, des généraux Alix, Gilly, Caulincourt, il prêta l'appui de son talent à toutes les victimes de la fureur des blancs. En 1819, il refusa la place de sous-secrétaire d'état au ministère de la justice, avec le titre de maître des requêtes et 40,000 fr. d'appointements. Membre du conseil d'apanage et avocat de la famille d'Orléans en 1820, il fut chargé d'enseigner au duc de Chartres les premières notions du droit. Son plaidoyer en faveur de l'illustre chansonnier Béranger est un de ses plus beaux titres oratoires. Député en 1828; il fut rapporteur de l'adresse des 221, en 1830.

Après la révolution de juillet, il fut nommé successivement membre du conseil des ministres, président du conseil privé et procureur général à la Cour de Cassation. La Chambre le porta huit fois à la présidence; l'Académie française l'admit dans son sein en 1832; il est aussi membre de l'Académie des sciences morales et politiques. De 1839 à 1848, il a fait assez souvent de l'opposition à la politique du gouvernement déchu. Il faisait partie, à l'Assemblée, du comité de législation. Il a voté contre les deux Chambres et le vote à la commune, contre la suppression du remplacement militaire, pour la proposition Rateau-Lanjuinais, contre la réduction de l'impôt du sel, pour la suppression des clubs. Il appartenait à la commission de constitution, et il vient d'être élu président de l'Assemblée législative.

GAMBON (CHARLES-FERDINAND), élu à la Constituante par 29,514 voix, réélu le premier par 43,443 voix. Né à Bourges le 19 mars 1820. Avocat à dix-neuf ans; un des fondateurs du *Journal des Écoles*; il fut nommé, en 1846, juge suppléant au Tribunal civil de Cosne; il fut cité deux fois devant la Cour royale pour l'énergie avec laquelle il lutta contre l'élection du procureur général De Langle. Dans un banquet réformiste, il refusa de porter un toast au roi, parla hautement de la souveraineté du peuple et fut condamné pour ce fait à cinq ans de suspension. Il faisait partie, à l'Assemblée, du comité de l'intérieur. Il siégeait et votait avec la Montagne. Il est un des signataires du projet de mise en accusation du président de la république et des ministres. Il a adopté le programme des républicains démocrates-socialistes.

MALLARDIER, élu le cinquième par 36,132 voix. Instituteur primaire. Menacé de destitution par le commissaire de la république sous le gouvernement provisoire pour l'exagération de ses opinions socialistes, il a été plus tard révoqué. Il a publié plusieurs brochures socialistes s'adressant spécialement aux instituteurs des campagnes. Il a fait une propagande très active dans son département. Il siégera à la Montagne.

MIOT, élu le deuxième par 42,351 voix. Propriétaire à Moulins en Gilbert. Ancien pharmacien, membre du conseil général de la Nièvre. Il porte une grande barbe comme son collègue Gambon. Il a toujours fait une opposition ultra-radicale à la monarchie. Il appartient au parti des républicains démocrates-socialistes.

PYAT (FÉLIX), élu le troisième par 41,786 voix (Voir sa biographie au département du Cher dans lequel il a été également élu ainsi qu'à Paris).

ROCHUT, élu le quatrième par 36,954 voix. Vétérinaire à Nevers, professant déjà les opinions répupublicaines avant la révolution de février. Il était un des correspondants du journal *La Réforme*. Démocrate-socialiste ardent, il siégera à la Montagne.

ROUET (ALEXANDRE), élu le sixième par 36,694 voix. Agriculteur distingué. Il a accepté d'être porté sur la liste des républicains démocrates-socialistes, bien qu'au fond il ait des habitudes et des opinions modérées.

NORD. — 24 REPRÉSENTANTS.

Ce département avait nommé 28 représentants à la Constituante : 8 ont été réélus, — 16 nouveaux. — Non réélus : MM. Bonte-Pollet, Boulanger, Delespaul, Desmoutiers, Desurmont, Dollez, Dufont, Farez, Giraudon, Hannoye, Heddebault, Huré, Lemaire, Lenglet, Malo, Mouton, Négrier, Pureur, Regnard, Serlooten.

ADALBERT D'HESPEL, élu le douzième à l'Assemblée législative par 91,476 voix. Ancien officier. Il a été porté sur la liste des candidats modérés, et il a obtenu les suffrages des anciens conservateurs et des légitimistes.

AUBRY (PIERRE-FRANÇOIS-JOSEPH), élu à la Constituante par 93,656 voix, réélu le treizième par 91,135 voix. Né à Cambrai le 8 mai 1789. Ancien ingénieur en chef du cadastre, il est auteur de quelques brochures sur la conservation du cadastre et d'une belle carte topographique de Tarn-et-Garonne. Sous la restauration et sous Louis-Philippe, il était à la tête de l'opposition, à Avesnes. Notaire pendant douze ans, il fit constamment partie de la chambre de discipline. Il est aujourd'hui négociant et président de la société d'agriculture d'Avesnes, où il a été sous-commissaire du gouvernement dès le 24 février 1848. Il faisait partie, à l'Assemblée, du comité des finances. Il a voté pour les deux Chambres, contre le vote à la commune, contre la suppression du remplacement militaire, contre la proposition Rateau-Lanjuinais, contre la réduction de l'impôt du sel, contre la suppression des clubs, pour celle de l'indemnité au commandant des gardes nationales de la Seine, contre le ministère dans la discussion sur les affaires d'Italie, et généralement avec l'opposition depuis le 10 décembre.

BEHAGHEL, élu le onzième par 91,450 voix. Il fut élu député en 1842 par l'arrondissement d'Hazebrouck, en remplacement de M. Berryer qui avait opté pour le collège de Marseille. Nommé par l'opposition légitimiste, il prit place sur les bancs de la droite, et s'associa à tous les votes du parti dont il était le représentant.

CHOQUE (EMMANUEL-LOUIS-JOSEPH), élu à la Constituante par 191,875 voix, réélu le dix-huitième par 84,391 voix. Né à Douai le 17 septembre 1806.

Ancien notaire. Élu par l'opposition membre du conseil général du département du Nord, et nommé député, en 1845, malgré tous les efforts des agents du ministère, il se fit remarquer à la Chambre dans la discussion du budget de 1847. Il était, à l'Assemblée, membre du comité des finances. Il a voté contre les deux Chambres et le vote à la commune, pour la proposition Rateau-Lanjuinais, contre la réduction de l'impôt du sel, pour la suppression des clubs, et pour l'ordre du jour en faveur du ministère dans la discussion sur les affaires d'Italie.

CORNE (HYACINTHE-MARIE-AUGUSTIN), élu à la Constituante par 199,965 voix, réélu le dix-neuvième par 84,310 voix. Né à Arras le 28 août 1802. Conseiller auditeur près la Cour royale de Douai sous la restauration, auteur d'un ouvrage intitulé : *De la Littérature considérée sous ses Rapports avec la Constitution politique des divers pays*; président du tribunal de Douai en 1830, procureur général le 25 février 1848, et, le 17 juin suivant, procureur général à la Cour d'appel de Paris jusqu'au 20 décembre, où il a été remplacé par M. Baroche. Député en 1837, il siégea sur les bancs de la gauche, où il se montra un des plus fermes défenseurs de nos libertés. Les manœuvres ministérielles le firent échouer aux élections de 1846. Dans les derniers mois de la monarchie, il prit une part active au mouvement des banquets réformistes. M. Corne est auteur d'un excellent ouvrage sur le *courage civil*. Il faisait partie, à l'Assemblée, du comité de législation. Il a voté contre les deux Chambres et le vote à la commune, pour la proposition Rateau-Lanjuinais, contre la réduction de l'impôt du sel, pour la suppression de l'indemnité au commandant des gardes nationales de la Seine, et contre le ministère dans la discussion sur les affaires d'Italie.

DELEBECQUE, élu le vingt-troisième à l'Assemblée législative par 77,202 voix. Né le 4 juillet 1804; avocat à Paris en 1829 et ensuite à Douai. Rédacteur en chef du *Libéral du Nord* depuis 1833 jusqu'en 1848. Il a été traduit huit ou dix fois devant les assises pour ses opinions républicaines; il a été condamné une fois à six mois d'emprisonnement, mais la Cour de cassation cassa le jugement. A la révolution de février il fut nommé sous-commissaire de l'arrondissement de Douai, puis sous-préfet de Cambrai; il a été révoqué sous M. Léon Faucher, malgré les sympathies qu'il avait su conquérir dans le pays, et qui ont déterminé son élection; c'est un républicain de vieille date, énergique, mais pas socialiste.

DESCAT (LOUIS-THÉODORE), élu à la Constituante par 114,794 voix, réélu le quatrième par 93,487. Né à Roubaix le 17 janvier 1800. Teinturier-apprêteur à Roubaix, membre du conseil municipal, commandant des sapeurs-pompiers. Il faisait partie, à l'Assemblée, du comité du commerce. Il a voté contre les deux Chambres, pour le vote à la commune, pour la proposition Rateau-Lanjuinais, contre la réduction de l'impôt du sel, pour la suppression des clubs et pour l'ordre du jour en faveur du ministère dans la discussion sur les affaires d'Italie.

DUMAS, élu à l'Assemblée législative le premier par 104,897 voix. Professeur de chimie à la Sorbonne, membre de l'Institut (Académie des sciences), commandeur de la Légion d'honneur, doyen de la Faculté des sciences. Il faisait partie, sous la monarchie déchue, du conseil de l'instruction publique. Il était porté sur la liste des candidats du parti modéré.

DUQUESNE (CÉSAR), élu à la Constituante par 153,276 voix, réélu le deuxième par 95,160 voix. Né à la Gorgue le 10 mars 1799. Meunier, conseiller municipal, puis maire de la Gorgue, et enfin chef de bataillon de la garde nationale de son canton. Il était, à l'Assemblée, membre du comité du commerce. Il a voté pour les deux Chambres, contre le vote à la commune, contre la suppression du remplacement militaire, pour la proposition Rateau-Lanjuinais, contre la réduction de l'impôt du sel, pour la suppression des clubs et pour l'ordre du jour en faveur du ministère dans la discussion sur les affaires d'Italie.

KOLB-BERNARD, élu le cinquième à l'Assemblée législative par 93,433 voix. Candidat du parti modéré.

LESTIBOUDOIS, élu le vingtième par 79,817 voix. Médecin. Député en 1842, il siégea sur les bancs de l'opposition, vota pour la proposition de M. Rémusat sur les fonctionnaires et repoussa l'indemnité Pritchard. On se rappelle le généreux dévouement avec lequel, oubliant sa propre blessure, il prodigua ses soins aux victimes du terrible accident de Rœux, sur le chemin de fer du Nord.

LOISET (ALEXANDRE-BENOÎT), élu à la Constituante par 170,719 voix, réélu le seizième par 85,782 voix. Il est mort avant la réunion de l'Assemblée législative.

MARCHAND, élu le vingt-deuxième par 77,487 voix. Né en 1790. Ancien notaire, membre de la société électorale *Aide-toi, le Ciel t'aidera*. Député en 1837, il siégea sur les bancs de la gauche et vota constamment avec l'opposition. Il a pris une part active au mouvement réformiste, et il a présidé le banquet d'Avesne.

MELUN (DE), élu le vingt et unième à l'Assemblée législative par 74,979 voix. Ancien militaire, inspecteur des établissements de bienfaisance. Sous la dernière monarchie, M. de Melun appartenait au parti légitimiste. Comme son frère, M. Armand de Melun, nommé dans le département de l'Ile-et-Vilaine, il s'occupe beaucoup d'établissements de bienfaisance. C'est un philanthrope sincère et éclairé.

MÉRODE (DE), élu le dixième par 91,961 voix. Ancien député, ancien secrétaire d'ambassade. Sous la monarchie renversée le 24 février, il appartenait au parti conservateur.

MIMEREL, élu le septième à l'Assemblée législative par 92,982 voix. Manufacturier, candidat du parti modéré.

PERSIGNY (FIALIN DE), élu le sixième à l'Assemblée législative par 93,592 voix (Voir au département de la Loire, où il a été également élu).

ROGER (du Nord), élu le dix-septième par 85,696 voix, et dans le département de la Seine le vingt-cinquième par 108,809 voix. Né en 1802. Comte, ancien secrétaire d'ambassade, député depuis 1834 de l'arrondissement de Dunkerque. Sous le ministère du 22 février 1836, il vota constamment pour M. Thiers dont il était l'ami intime. Il fut un de ceux qui repoussèrent l'indemnité Pritchard et qui votèrent la proposition Rémusat sur les fonctionnaires publics. Dans les journées de juin, il a déployé un très grand courage en combattant dans les rangs de la garde nationale.

SEYDOUX, élu le troisième à l'Assemblée législative par 93,582 voix. Propriétaire. Il était porté sur la liste des candidats du parti modéré.

STAPLANDE (DE HAU DE), élu le quatorzième par 89,997 voix. Ancien garde-du corps. Il fut élu député à Bergues en 1837, en remplacement de M. de Lamartine qui avait opté pour le collège de Mâcon. Il siégeait sur les bancs de la droite, et a voté constamment avec les légitimistes.

TESTELIN, élu le vingt-quatrième à l'Assemblée législative par 76,755 voix. Docteur-médecin. Sous la dernière monarchie, il appartenait au parti républicain. Il était un des commissaires du banquet de Lille qui se prononcèrent pour M. Ledru-Rollin, contre M. Odilon-Barrot. Démocrate très énergique; il n'est pas socialiste.

THOURET (ANTONY), élu à la Constituante, réélu le huitième par 92,309 voix. Né le 15 juillet 1807. Homme de lettres, publiciste et auteur dramatique. Fondateur, en juillet 1830, du journal *la Révolution de 1830*, il eut à subir trente-deux procès en Cour d'assises, cinq ans de prison et plus de cent mille francs d'amende. Il fut nommé à l'unanimité rédacteur en chef du *Journal des Amis du peuple*. Il comparut dans le procès des fusils-Gisquet avec Armand Marrast, et dans le *procès des Quinze* avec Raspail et Blanqui. Il fut, sous la présidence de Carrel, secrétaire du conseil des accusés d'avril. En février 1848, le gouvernement provisoire l'envoya dans le département du Nord, en qualité de commissaire extraordinaire. Il était, à l'Assemblée, membre du comité d'administration départementale et communale. Il a voté contre le droit au travail, pour l'impôt proportionnel, contre les deux Chambres et le vote à la commune, contre la suppression du remplacement militaire, contre la proposition Rateau-Lanjuinais, pour la réduction de l'impôt du sel, pour la suppression de l'indemnité au commandant des gardes nationales de la Seine, et contre le ministère dans la discussion sur les affaires d'Italie.

VENDOIS (ANTOINE-DÉSIRÉ-JOSEPH), élu à la Constituante par 170,600 voix, réélu le quinzième par 89,342 voix. Né à Maroilles le 7 avril 1794. Docteur en médecine, commandant de la garde nationale en 1830; nommé trois fois conseiller d'arrondissement. Il faisait partie du comité de l'instruction publique.

Il a voté contre le droit au travail, pour l'impôt proportionnel, contre les deux Chambres et le vote à la commune, contre la proposition Rateau-Lanjuinais, pour la réduction de l'impôt du sel, contre la suppression des clubs, pour celle de l'indemnité au commandant des gardes nationales de la Seine, et contre le ministère dans la discussion sur les affaires d'Italie. Il appartenait à la réunion du Palais-National.

WALON, élu le neuvième à l'Assemblée législative par 92,290 voix. Professeur. Il était suppléant à la Constituante pour la Guadeloupe. Le parti modéré du département du Nord l'a porté sur sa liste.

OISE. — 8 REPRÉSENTANTS.

Ce département avait nommé 10 représentants à la Constituante, 5 ont été réélus. — 3 nouveaux. — Non réélus, MM. Desormes, Flye, Lagache, Donatien-Marquis, Tondu-du-Metz. — Electeurs inscrits, 120,920.

BARILLON, élu à la Constituante par 92,588 voix, réélu le quatrième par 41,118 voix. Né à Paris le 5 avril 1801. Avocat, maire d'Élincourt, ancien député de l'opposition, membre du conseil général de l'Oise; commissaire du gouvernement provisoire en février 1848, il fut révoqué bientôt après. Il était, à l'Assemblée, membre du comité des finances. Il passe pour être versé dans les questions agricoles et administratives. Il a voté pour les deux Chambres, contre le vote à la commune, pour la proposition Rateau-Lanjuinais, contre la réduction de l'impôt du sel, pour la suppression des clubs, et pour l'ordre du jour en faveur du ministère dans la discussion sur les affaires d'Italie. Il était partisan de la candidature du général Cavaignac, mais il s'est rallié à l'élu du 10 décembre.

GÉRARD (MICHEL-NICOLAS), élu à la Constituante par 66,831 voix, réélu le cinquième par 39,432 voix. Né le 30 mars 1808. Propriétaire, maire de Blincourt. Il faisait partie, à l'Assemblée, du comité de l'agriculture et du crédit foncier. Il a voté contre les deux Chambres, pour le vote à la commune, contre le crédit foncier et la suppression du remplacement militaire, pour la proposition Rateau-Lanjuinais, contre la réduction de l'impôt du sel, pour la suppression des clubs, et pour l'ordre du jour en faveur du ministère dans la discussion sur les affaires d'Italie.

LEMAIRE, élu le huitième par 31,526 voix. Né en 1783. Maître de postes. Il fut élu député en 1832, par l'arrondissement de Senlis, en remplacement du général Gérard. Partisan dévoué du ministère, il se fit remarquer par son empressement à voter l'indemnité Pritchard et à repousser toutes les propositions libérales.

LEROUX (ÉMILE), élu à la Constituante par 77,131 voix, réélu le sixième par 37,082 voix. Né en 1804 d'un simple cultivateur. Avocat, bâtonnier de son ordre, membre du conseil général de l'Oise, maire de Beauvais depuis la révolution de février. Défenseur de la feuille de Douai dans le procès qu'elle eut à soutenir au sujet des fameuses lettres de Louis-Philippe, il la fit acquitter par le jury de l'Oise. Secrétaire du comité de la justice et membre de nombreuses commissions, il a été rapporteur de la loi sur le jury et sur le timbre des effets de commerce. Il a voté pour la proposition Rateau-Lanjuinais, contre la réduction de l'impôt du sel, pour la suppression des clubs, contre celle de l'indemnité au commandant des gardes nationales de la Seine, et pour l'ordre du jour en faveur du ministère dans la discussion sur les affaires d'Italie.

MORNAY (JULES DE), élu à la Constituante par

57,887 voix, réélu le premier par 55,038 voix. Né en 1798. Membre du conseil général de l'Oise. Il était sous-lieutenant de chasseurs à cheval à la bataille de Waterloo, et devint capitaine de la garde royale sous la restauration. Après la révolution de juillet, il épousa la fille du maréchal Soult qui le prit pour aide-de-camp ; il se retira du service en 1832. Député en 1830, il prit place sur les bancs de la gauche et vota constamment avec elle. Il a été président, à l'Assemblée, du comité des affaires étrangères. Il a voté pour l'impôt proportionnel, pour les deux Chambres, contre le vote à la commune, contre la suppression du remplacement militaire et pour la proposition Rateau-Lanjuinais.

NOAILLES-MOUCHY (DE), élu à la Législative le troisième par 42,069 voix. Riche propriétaire. Son élection est due au concours très actif de l'ancien parti conservateur et du parti légitimiste.

PLANCY (CHARLES DE), élu à la Législative le septième par 32,061 voix. Ancien sous-préfet, sous le gouvernement de la branche cadette des Bourbons. Petit-fils de Lebrun. Sa candidature a été particulièrement soutenue par l'ancien parti conservateur.

SAINTE-BEUVE, élu à la Constituante par 48,332 voix, réélu le deuxième par 49,058 voix. Né à Pailly en février 1819. Propriétaire, membre du comité des finances ; il a fait partie de plusieurs commissions et a pris une part active aux travaux de l'Assemblée. Il a voté pour les deux Chambres et le vote à la commune, contre la suppression du remplacement militaire, pour la proposition Rateau-Lanjuinais, contre la réduction de l'impôt du sel, pour la suppression des clubs, pour l'ordre du jour en faveur du ministère dans la discussion sur les affaires d'Italie, et en général avec la réunion de la rue de Poitiers à laquelle il appartenait.

ORNE. — 9 REPRÉSENTANTS.

Ce département avait envoyé 11 représentants à la Constituante ; 8 ont été réélus. — 1 nouveau. — Non réélus : MM. Guérin, Hamard et Ballot. — Electeurs inscrits, 126,096 ; votants, 94,068.

CHARENCEY (LÉONCE DE), élu à la Constituante par 40,000 voix, réélu le quatrième par 43,986 voix. Fils de M. de Charencey, député sous Charles X et ami de Martignac ; âgé de quarante-cinq ans environ. Avocat, juge-auditeur en 1828, juge-suppléant en 1830, avocat du roi, de 1837 à 1848, destitué par M. Crémieux après la révolution de février. Membre du conseil général de l'Orne. Il faisait partie, à l'Assemblée, du comité des cultes. Il a voté pour les deux Chambres et le vote à la commune, pour la proposition Rateau-Lanjuinais, pour la suppression des clubs. Il appartenait à la réunion de la rue de Poitiers.

CORCELLES (FRANCIS-TIRCUIR DE), élu à la Constituante, réélu le deuxième par 60,669 voix. Né en 1801. Fils d'un ancien député libéral du Rhône et de la Seine. Membre du conseil général de l'Orne ; élu député en 1837 par l'arrondissement de Séez, il fut alors membre et secrétaire de la commission d'enquête électorale ; il se montra l'adversaire constant de l'occupation de l'Algérie. Il a été chargé en 1848 d'une mission importante auprès du pape. Il était, à l'Assemblée, membre du comité des finances. Il a voté pour les deux Chambres et le vote à la commune, pour la proposition Rateau-Lanjuinais, contre la réduction de l'impôt du sel, et pour l'ordre du jour en faveur du ministère dans la discussion sur les affaires d'Italie.

CURIAL (NAPOLÉON), élu à l'Assemblée constituante, réélu le septième par 38,288 voix. Né en 1810. Fils du général Curial qui devint, sous la restauration, le favori du duc d'Angoulême. Ancien élève de l'École de Saint-Cyr ; ancien officier de cavalerie, démissionnaire sous Louis-Philippe pour ses opinions légitimistes. Maire d'Alençon en 1843, il reçut en cette qualité le duc et la duchesse de Nemours et obtint que leur premier rejeton prendrait le nom de la ville qu'il administrait. Comte et pair de France, en vertu du droit d'hérédité ; révoqué de ses fonctions de maire au moment des élections d'avril 1848, par le commissaire général de la république. Il faisait partie, à l'Assemblée, du comité de la guerre. Il a voté pour les deux Chambres et le vote à la commune, contre la suppression du remplacement militaire, pour la proposition Rateau-Lanjuinais, contre la réduction de l'impôt du sel, pour la suppression des clubs, et généralement avec la réunion de la rue de Poitiers.

DRUET-DESVAUX (JACQUES-MATHIEU-LOUIS), élu à la Constituante, réélu le troisième par 45,105 voix. Né à Alençon le 21 septembre 1793. Il entra en 1813 dans les gardes-d'honneur et fit les campagnes de 1813 et 1814. En 1815 il figura dans les cadres des gardes du corps. Il fut nommé en 1817 garde général, puis sous-inspecteur des forêts dans le département de l'Orne, et donna sa démission le 29 juillet 1830. Membre du conseil municipal d'Alençon depuis 1832 jusqu'à la révolution de février ; il est depuis 1836 membre du conseil d'arrondissement de Mortagne. Dans les événements de juin, il s'est fait remarquer par la mission qu'il a remplie courageusement au milieu des insurgés du faubourg Saint-Antoine, avec ses collégues Larabit et Galy-Cazalat. Il faisait partie, à l'Assemblée, du comité des finances. Il a voté pour les deux Chambres et le vote à la commune, contre la suppression du remplacement militaire, pour la proposition Rateau-Lanjuinais, contre la réduction de l'impôt du sel, pour la suppression des clubs, et pour l'ordre du jour en faveur du ministère, dans la discussion sur les affaires d'Italie.

GIGON-LABERTRIE, élu à la Constituante, réélu le cinquième par 42,275 voix. Né en 1794; maire de Vimoutiers, membre du conseil général; élu député en 1839 par le collége de Gacé, en remplacement de M. Goupil de Préfeln; il siégea sur les bancs de la gauche et votait constamment avec M. Odilon Barrot. Il faisait partie, à l'Assemblée, du comité de l'administration départementale et communale. Il a voté pour le décret qui fixait à dix les lois organiques, contre la réduction de l'impôt du sel, et pour la suppression des clubs.

LE FAVRAIS, élu le huitième par 58,210 voix. Médecin de campagne. Ancien chirurgien-major sous l'empire. Il a été à l'île d'Elbe; cependant il a voté pour le général Cavaignac, et il n'était pas porté sur la liste des bonapartistes.

PIQUET (HIPPOLYTE), élu à la Constituante, réélu le sixième par 39,730 voix. Né à Mortagne le 5 avril 1815. Avocat, juge suppléant au tribunal de première instance de Mortagne; nommé maire de cette ville aussitôt après la révolution de février. Il était, à l'Assemblée, membre du comité de la justice. Il a voté pour les deux Chambres et le vote à la commune, pour la proposition Rateau-Lanjuinais, contre la réduction de l'impôt du sel, pour la suppression des clubs, pour l'ordre du jour en faveur du ministère dans la discussion sur les affaires d'Italie.

TRACY (VICTOR DESTUTT DE), élu à la Constituante; réélu le premier par 61,744 voix. Né en 1781. Fils de l'auteur des *Commentaires sur l'Esprit des Lois*; élève de l'École polytechnique et de l'École du génie de Metz ; il fit la campagne d'Austerlitz sous Masséna. Envoyé en 1807 à Constantinople, il devint aide-de-camp du général Sébastiani et fit toutes les campagnes jusqu'en 1814. Il se retira du service en 1818. Élu député de l'Allier en 1822, il prit place à côté de Lafayette et de Dupont de l'Eure, et combattit l'exclusion de Manuel. En 1830, il fit partie des 221 et signa le compte-rendu. Il s'est montré, dans toutes les circonstances, dévoué aux intérêts de l'agriculture et partisan zélé de l'abolition de l'esclavage ainsi que de la liberté de l'enseignement. A la révolution de février, il était membre du conseil général de l'agriculture et du conseil général de l'Allier et il fut élu colonel de la première légion de la garde nationale de Paris. Après l'élection du 10 décembre, il a été nommé ministre de la marine. Il a voté pour les deux Chambres et le vote à la commune, contre la suppression du remplacement militaire, pour la proposition Rateau-Lanjuinais, contre la réduction de l'impôt du sel, et pour la suppression des clubs. Il a conservé son portefeuille dans le nouveau cabinet du 2 juin.

VAUDORÉ (SYMPHOR), élu à la Constituante, réélu le neuvième par 36,767 voix. Né en 1818 à Argentan. Il a publié des lettres politiques sur la liberté religieuse. Il est partisan de la liberté de l'enseignement. Il a voté en faveur du vote à la commune, pour la proposition Rateau-Lanjuinais, et pour la suppression des clubs.

PAS-DE-CALAIS. — 15 REPRÉSENT.

Ce département avait envoyé 17 représentents à la Constituante ; 4 ont été réélus. — 11 nouveaux. — Non réélus : MM. Bellart-Dambricourt, Cary, Cornille, Degeorge, Emmery, Fourmentin, Lantoine-Hardouin, Lebleu, Olivier,

Piéron, Piérret, Saint-Amour, Lenglet. — Electeurs inscrits, 194,088.

BRIAS (de), élu à l'Assemblée législative le sixième, par 80,063 voix. Propriétaire, descendant d'une famille qui a donné son nom à la commune qu'il habite ou qui l'en a tiré. Jeune homme de 27 à 30 ans. Il appartient aux opinions légitimistes et vote avec la droite.

CARDON (de) **MONTIGNY**, élu le douzième par 76,648 voix. Conseiller à la Cour d'appel de Paris. Sa candidature a été appuyée par les légitimistes et les anciens conservateurs.

DENISSEL (louis), élu à la Constituante par 71,463 voix, réélu le premier par 90,432 voix. Né à Saint-Venant le 23 décembre 1818. Brasseur ; homme d'un courage extraordinaire, il a reçu pour récompense de ses actes de dévouement plusieurs médailles d'or et mentions honorables. Il était, à l'Assemblée, membre du comité des travaux publics. Il a voté pour les deux Chambres et le vote à la commune, pour la proposition Rateau-Lanjuinais, pour la suppression des clubs, pour l'ordre du jour en faveur du ministère dans la discussion sur les affaires d'Italie, et en général avec la réunion de la rue de Poitiers.

DOUAY, élu le treizième par 76,262 voix. Ancien officier de cavalerie, âgé de trente-cinq à quarante ans. Il appartenait au parti légitimiste sous le gouvernement de la branche cadette.

DUPONT-DELPORTE, élu le onzième par 76,780 voix. Fils de l'ancien préfet qui avait été nommé pair de France par Louis-Philippe ; sous-préfet à Quimperlé, puis à Montreuil. Jeune homme de trente ans. Il appartient à l'ancien parti conservateur.

FRANCOVILLE, élu le quinzième par 50,156 voix. Il était porté sur la liste des candidats du parti modéré qui a passé tout entière dans ce département.

FRÉCHON (FAUSTIN-IRÉNÉE), élu à la Constituante par 74,655 voix, réélu le quatrième par 87,675 voix. Né à Hesdin, le 28 juin 1804. Prêtre, professeur pendant dix-huit ans au séminaire d'Arras, chanoine titulaire du diocèse depuis 1841. Il faisait partie, à l'Assemblée, du comité des cultes. Il a voté pour les deux Chambres et le vote à la commune, pour la proposition Rateau-Lanjuinais, pour la suppression des clubs et pour l'ordre du jour en faveur du ministère, dans la discussion sur les affaires d'Italie.

GROS (AUGUSTE), élu le cinquième par 87,008 voix. Avocat à Boulogne. Agé de quarante-huit à cinquante ans. Sous le gouvernement de juillet, il appartenait au parti légitimiste.

HAVRINCOURT (MARQUIS D'), élu le huitième par 78,275 voix. Propriétaire, ancien élève de l'École polytechnique. Légitimiste rallié sous le gouvernement de la branche cadette. Il était conservateur progressif.

HÉREMBAULT (ALEXANDRE ROUBIER D'), élu à la Constituante par 84,807 voix, réélu le deuxième par 90,198 voix. Né à Montcarel le 2 février 1792. Propriétaire, ancien député. Il vota contre les lois de septembre, de dotation, de disjonction, et repoussa l'indemnité Pritchard. Membre du conseil général du Pas-de-Calais et maire de Montreuil. Il faisait partie, à l'Assemblée, du comité de l'intérieur. Il a voté pour les deux Chambres et le vote à la commune, contre la suppression du remplacement militaire, pour la proposition Rateau-Lanjuinais, pour la suppression des clubs, et pour l'ordre du jour en faveur du ministère dans la discussion sur les affaires d'Italie.

LEGROS-DEVAUX, élu à la Législative le septième par 79,756 voix. Né à Calais le 15 août 1805. Ancien commandant de la garde nationale de Calais en 1835, nommé maire en 1841 jusqu'à la révolution de février, élu membre du conseil général en 1842, chevalier de la Légion d'honneur en 1843, auteur de plusieurs notices historiques sur le département. Il appartenait à l'ancien parti conservateur.

LEQUIEN, élu le neuvième par 78,019 voix. Ancien sous-préfet à Béthune, avocat. Agé de trente-cinq à quarante ans. Il appartenait au parti conservateur.

MARTEL, élu le dixième par 77,516 voix. Sa candidature a été soutenue par l'ancien parti conservateur orléaniste et par les légitimistes.

PLICHON, élu le troisième par 87,714 voix. Médecin, professeur à l'École de médecine d'Arras, maire de cette ville. Né à Hesdin. Agé de quarante à quarante-cinq ans. Il appartenait au parti libéral sous le dernier gouvernement monarchique.

WARTEL DE RETZ, élu le quatorzième par 74,015 voix. Porté sur la liste des candidats modérés, il a surtout été appuyé par l'ancien parti conservateur auquel il appartient.

PUY-DE-DOME. — 13 REPRÉSENTANTS.

Ce département avait envoyé 15 représentants à la Constituante, 7 ont été réélus. — 6 nouveaux. — Non réélus,

MM. Altaroche, Jouvet, Baudet-Lafarge, Trélat, Lavigne, Gouttay, Bravard-Toussaint et Astaix. — Electeurs inscrits, 168,000.

BERGER, élu le sixième par 52,265 voix. Né à Thiers en juin 1790. Ancien avoué, ex-maire du 2e arrondissement de Paris, aujourd'hui préfet de la Seine. Il se distingua aux barricades de 1830. Élu député de l'arrondissement de Thiers en 1837, il prit place au centre gauche, et vota constamment avec l'opposition. En 1846, il fut élu député dans le 2e arrondissement de Paris. A la révolution de 1848, il fut maintenu dans ses fonctions de maire par le gouvernement provisoire, sur la proposition de M. Pagnerre qui avait été chargé d'organiser les municipalités de Paris. Dans la séance d'ouverture de l'Assemblée nationale, ce fut lui qui, au nom de la députation de Paris et de la Chambre entière, détermina la proclamation enthousiaste et unanime de la République. Il était, à l'Assemblée, membre du comité de l'intérieur. Il a voté pour les deux Chambres, pour la proposition Rateau-Lanjuinais, pour l'ordre du jour en faveur du ministère dans la discussion sur les affaires d'Italie, et contre la proposition d'amnistie présentée dans la dernière séance de l'Assemblée nationale.

BRAVARD-VEYRIÈRES, élu à la Constituante par 50,812 voix, réélu le quatrième par 52,848 voix. Né à Issoire en 1801. Docteur en droit, avocat à la Cour d'appel de Paris, auteur de plusieurs ouvrages de droit. Il est compté parmi les premiers jurisconsultes de notre époque. Professeur de droit commercial, il a été nommé, à la révolution de 1848, doyen de la Faculté de Droit de Paris. Sous la dynastie déchue il s'était présenté plusieurs fois, sans succès, au collége d'Ambert, comme candidat de la gauche radicale. Il faisait partie, à l'Assemblée, du comité de législation. Il a voté contre les deux Chambres et le vote à la commune, pour la proposition Rateau-Lanjuinais, pour la suppression des clubs, et pour l'ordre du jour en faveur du ministère dans la discussion sur les affaires d'Italie. Il faisait partie de la réunion des républicains modérés de l'Institut.

CHARRAS, élu à la Constituante par 82,786 voix, réélu le neuvième par 48,956 voix. Né en 1808. Fils du général Charras; élève de l'École polytechnique, il se signala, dans les journées de 1830, au siége de la caserne de Babylone. Devenu capitaine, il se vit arrêter dans son avancement pour des articles qu'il envoyait au *National* sur les questions militaires. Il passa alors en Afrique et parvint au grade de chef d'escadron. A la révolution de février 1848, il reçut le grade de lieutenant-colonel d'artillerie, fut appelé au poste de sous-secrétaire d'État de la guerre, et remplit ensuite quelque temps les fonctions de ministre de ce département, par intérim, jusqu'à l'acceptation du général Cavaignac, qui eut lieu le 17 mai. Il était, à l'Assemblée, membre du comité de la guerre. Partisan déclaré du général Cavaignac, il a fait une ardente opposition au ministère du 20 décembre; il a voté contre les deux Chambres et le vote à la commune, pour la suppression du remplacement militaire, contre la proposition Rateau-Lanjuinais, pour la réduction de l'impôt du sel, et pour la suppression de l'indemnité au commandant des gardes nationales de la Seine. Il était sur la liste des républicains montagnards.

CHASSAGNE-GOYON, élu le huitième par 49,090 voix. Maire de la ville de Thiers; âgé de 40 ans environ. Il s'était porté candidat à la Constituante, lors des élections d'avril 1848; il fallait quinze représentants, il n'arriva que le seizième. Cette fois le concours réuni de l'ancien parti conservateur et du parti légitimiste l'a fait triompher.

CHAZELLES (LÉON DE), élu le douzième par

47,211 voix. Riche propriétaire. Il a été porté sur la liste des candidats du parti légitimiste auquel il appartenait sous le gouvernement de la branche cadette.

COMBAREL DE LEYVAL, élu à la Constituante par 55,552 voix, réélu le premier par 54,312 voix. Né en 1808. Membre du conseil général du Puy-de-Dôme, ancien député du centre gauche. Il faisait partie, à l'Assemblée, du comité des finances ; il a voté pour les deux Chambres et le vote à la commune, contre la réduction de l'impôt du sel et pour la suppression des clubs. Il appartenait à la réunion de la rue de Poitiers.

DOUHET (FERDINAND DE), élu le onzième par 47,595 voix. Riche propriétaire de Clermont-Ferrand. Il appartenait au parti légitimiste qui a vivement soutenu sa candidature.

GIROT - POUZOL, élu à la Constituante par 60,632 voix, réélu le troisième par 53,382 voix. Né à Issoire en 1794. Élu par le collége de Clermont en 1830, il siégea à la Chambre des députés jusqu'en 1834. Il faisait partie, à l'Assemblée, du comité de l'agriculture. Il a voté pour l'impôt proportionnel, contre les deux Chambres et le vote à la commune, pour la proposition Rateau-Lanjuinais, contre la réduction de l'impôt du sel, et pour l'ordre du jour en faveur du ministère dans la discussion sur les affaires d'Italie.

JUSSERAUD (FRANCISQUE), élu à la Constituante par 58,000 voix, réélu le septième par 51,839 voix. Né en 1790. Médecin, propriétaire, agronome, fondateur et président du comice de l'arrondissement de Riom, membre de la société d'agriculture de Clermont-Ferrand, membre du conseil général du Puy-de-Dôme, de 1830 à 1835. Il faisait partie, à l'Assemblée, du comité de l'agriculture et du crédit foncier. Il a voté contre les deux Chambres et le vote à la commune, contre le crédit foncier, pour la proposition Rateau-Lanjuinais, contre la réduction de l'impôt du sel et pour la suppression des clubs.

LASTEYRAS (GERVAIS), élu à la Constituante par 52,625 voix, réélu le treizième par 45,861 voix. Né à Thiers en 1809. Ancien pharmacien, il s'occupait d'études agricoles lorsque la révolution de février vint lui ouvrir la carrière politique. Il faisait partie, à l'Assemblée, du comité du commerce et de l'industrie. Il a voté pour le droit au travail, pour l'amendement Grévy dans la question de la présidence de la république, pour la suppression du remplacement militaire, contre la proposition Rateau-Lanjuinais, pour la réduction de l'impôt du sel ; il était un des signataires de la proposition tendant à décréter d'accusation le président de la république et ses ministres. Il a presque constamment appuyé les mesures proposées par la Montagne.

MORNY (DE), élu le dixième par 48,635 voix. Ancien député conservateur, auteur de l'amendement par lequel la Chambre de 1848 s'est déclarée *satisfaite* de la politique du ministère Guizot. M. de Morny a publié plusieurs brochures sur la question des sucres. Il était membre du comité électoral de la rue de Poitiers.

MOULIN, élu le cinquième par 52,295 voix. Ancien avocat général à la Cour royale de Riom sous la monachie déchue ; il a été nommé député d'Issoire en 1845. Il a constamment voté en faveur du ministère Guizot ; il était un des *satisfaits*.

ROUHER (EUGÈNE), élu à la Constituante par 48,282 voix, réélu le deuxième par 54,115 voix. Né en 1813. Avocat distingué du barreau de Riom ; candidat appuyé par M. Guizot sous la dernière dynastie. Il faisait partie, à l'Assemblée, du comité du travail; il a voté pour les deux Chambres et le vote à la commune, pour la proposition Rateau-Lanjuinais, pour la suppression des clubs et contre la proposition d'amnistie dans la séance de clôture de l'Assemblée nationale. Il était du comité électoral de la rue de Poitiers.

PYRÉNÉES (BASSES-). — 10 REPRÉS.

Ce département avait envoyé 11 représentants à la Constituante, 4 ont été réélus. — 6 nouveaux. — Non réélus: MM. Barthe, Boutoey, Condou, Leremboure, Lestapis, Noguet, Saint-Gaudens. — Le nombre des électeurs inscrits était de 117,931. — 68,720 ont pris part au vote. — Electeurs inscrits, 117,931; votants, 71,453

CHEGARAY, élu le septième par 32,976 voix. Né en 1802. Nommé député en 1837, par les électeurs de Bayonne, de préférence à Jacques Laffitte. Procureur général à Rennes, sous le gouvernement déchu, puis avocat général à la Cour de cassation, il s'associa constamment à la politique du ministère Guizot, vota pour l'indemnité Pritchard et se fit l'adversaire de toutes les propositions libérales.

CROUZEILHES, élu à la Législative le deuxième par 39,877 voix. Il était sur la liste des candidats portés par le parti légitimiste et l'ancien parti conservateur. Il vient de donner sa démission de conseiller à la Cour de cassation, ces fonctions étant incompatibles avec celles de représentant. Ancien pair de France; il appartenait au parti conservateur.

DARISTE (JEAN-BAPTISTE-AUGUSTE), élu à la Constituante par 45,335 voix, réélu le quatrième par 39,440 voix. Né à la Martinique en 1807. Propriétaire, gendre du général Lamarque, maire de la commune de Lalongue, membre du congrès viticole et du conseil général des Basses-Pyrénées, dont il a été pendant cinq ans élu secrétaire à l'unanimité. Il faisait partie, à l'Assemblée, du comité de l'Algérie et des colonies. Il a voté pour les deux Chambres et le vote à la commune, pour la suppression des clubs, et pour l'ordre du jour en faveur du ministère dans la discussion sur les affaires d'Italie

ETCHEVERRY (JEAN-AMÉDÉE-VICTOR), élu à la Constituante par 41,475 voix, réélu le troisième par 39,799 voix. Né le 1ᵉʳ novembre 1801 à Saint-Étienne de Baïgorry. Notaire, commandant de la garde nationale de son canton; membre, depuis 1830, du conseil d'arrondissement de Mauléon; syndic de la vallée de Baïgorry, depuis la création de cette place; maire de sa ville natale, il a été laissé à ce poste par le gouvernement issu de la révolution de février. Il était à l'Assemblée du comité de la marine. Il a voté pour les deux Chambres et le vote à la commune, pour la proposition Rateau-Lanjuinais, pour la suppression des clubs, pour l'ordre du jour en faveur du ministère dans la discussion sur les affaires d'Italie, contre le projet d'amnistie présenté dans la séance de clôture de l'Assemblée nationale, et presque constamment avec la réunion de la rue de Poitiers.

LARRABURE, élu à l'Assemblée législative le sixième par 35,356 voix. Les anciens conservateurs du régime déchu et les légitimistes l'avaient porté sur leurs listes et ont vivement soutenu son élection.

LAUSSAT (DE), élu à la Constituante par 41,183 voix, réélu le premier par 41,929 voix. Né en 1795, d'une ancienne famille du Béarn. Élève de l'école de cavalerie de Saint-Germain, sous-lieutenant à seize ans et demi; il gagna tous ses grades sur le champ de bataille, jusqu'à celui de chef d'escadron et d'officier de la Légion d'honneur qu'il obtint à la suite de Waterloo, mais qui ne fut pas confirmé. Il rentra alors dans ses foyers où il s'occupa d'études sociales et économiques. Membre du congrès central d'agriculture, membre du conseil général des Basses-Pyrénées, il publia, en 1847, une brochure sur la question des subsistances. Il faisait partie, à l'Assemblée, du comité d'agriculture. Il a voté pour les deux Chambres et le vote à la commune, pour la proposition Rateau-Lanjuinais, contre la réduction de l'impôt du sel, pour la suppression des clubs, pour l'ordre du jour en faveur du ministère, dans la discussion sur les affaires d'Italie, et contre le projet d'amnistie présenté dans la séance de clôture de la Constituante. Il était de la réunion de la rue de Poitiers.

MANESCAU, élu à l'Assemblée législative le cinquième par 39,329 voix. Candidat des légitimistes et des anciens conservateurs, son élection a été vivement combattue par les républicains et par les démocrates-socialistes.

RENAUD (MICHEL), élu à la Constituante par 60,320 voix, réélu le dixième par 30,580 voix. Né en 1810 à Saint-Jean-Pied-de-Port. Ancien négociant, riche propriétaire, c'est à la révolution de février seulement qu'il a débuté dans la carrière politique. Appelé aux fonctions de sous-commissaire dans l'arrondissement de Mauléon, il refusa ce poste comme incompatible avec sa candidature électorale. Il faisait partie, à l'Assemblée, du comité des cultes. Il a voté contre les deux Chambres et le vote à la commune, pour la proposition Rateau-Laujuinais, contre la suppression des clubs, et contre le ministère dans la discussion sur les affaires d'Italie. Il est le seul candidat de la liste des républicains démocrates des Basses-Pyrénées qui ait été nommé. Les autres candidats de la même liste ont obtenu de 18 à 30,000 voix.

RESSÉGUIER, élu à l'Assemblée législative le

huitième par 32,798 voix. Il était un des candidats préférés du parti légitimiste. Cependant il a obtenu beaucoup de voix parmi les anciens conservateurs, dont les sympathies ne sont pas très vives en faveur de la république.

VERGERON, élu le neuvième à l'Assemblée législative par 32,015. Les électeurs des Basses-Pyrénées, qui regrettent ou le régime d'avant 1830 ou celui d'avant 1848, ne se sont pas aussi bien entendus sur la candidature de M. Vergeron que sur celles de quelques-uns de ses collègues. Peu s'en est fallu qu'il ne fût pas nommé.

PYRÉNÉES (HAUT.-). — 5 REPRÉS.

Ce département avait nommé 6 représentants à la Constituante ; 2 ont été réélus, — 4 nouveaux. — Non réélus : MM. Cénac, Dubarry, Recurt et Vignerte.

DEVILLE, élu à la Constituante par 17,773 voix, réélu le quatrième par 20,564 voix. Né à Tarbes en 1788. Enrôlé volontaire en 1803, il fit toutes les guerres de l'empire. Capitaine de grenadiers, il rentra dans ses foyers à la première restauration, reprit du service dans les Cent-Jours, et se retira définitivement après la bataille de Waterloo pour venir faire son droit à Paris. Avocat, puis notaire ; il fut nommé, en 1830, commandant de la garde nationale de Tarbes, dont il provoqua la dissolution par l'énergique opposition qu'il fit à Louis-Philippe. Il est auteur de quelques pièces de vers et d'une histoire de la province de Bigorre. Il faisait partie, à l'Assemblée, du comité des affaires étrangères. Il essaya vainement de faire insérer, dans le préambule de la Constitution, un paragraphe constatant qu'elle était votée quand Paris se trouvait en état de siége. Il a voté pour le droit au travail, pour l'amendement Grévy, dans la question de la présidence, pour le crédit foncier, contre la proposition Rateau-Lanjuinais; il était un des signataires de la proposition tendant à décréter d'accusation le président de la république et ses ministres. C'est un des principaux membres de la Montagne.

FORNIER DE SAINT-LARY, élu le troisième à l'Assemblée législative par 22,625 voix. Candidat du parti modéré, il a dû son élection au concours des légitimistes et des anciens conservateurs.

LACAZE (BERNARD), élu à la Constituante par 23,356 voix, réélu le deuxième par 24,652 voix. Né en 1799 à Vic-de-Bigorre. Avocat très distingué, membre du conseil général des Hautes-Pyrénées; il il a refusé constamment les fonctions publiques salariées qui lui ont été offertes. Membre du comité de législation à l'Assemblée, il a voté pour les deux Chambres et le vote à la commune, pour la proposition Rateau-Lanjuinais, contre la réduction de l'impôt du sel, pour la suppression des clubs et contre la proposition d'amnistie présentée dans la séance de clôture de l'Assemblée constituante. Il était un des deux républicains modérés du comité électoral de la rue de Poitiers.

SÉGUR D'AGUESSEAU, élu à l'Assemblée législative le premier par 25,499 voix. Il était porté sur la liste des candidats modérés, et il a été appuyé par les votes des légitimistes et des anciens conservateurs de la dynastie de la branche cadette. C'est lui qui, à la seconde séance de l'Assemblée législative, a déterminé la droite à crier : *Vive la république!*

SOUBIÈS, élu le cinquième à l'Assemblée législative par 20,419 voix. Ancien préfet. Il a été porté sur la liste des candidats démocrates-socialistes de son département. Il ne l'a emporté que de très peu de voix sur M. Achille Fould, candidat du parti modéré.

PYRÉNÉES-ORIENT. — 4 REPRÉS.

Ce département avait envoyé 5 représentants à la Constituante ; 3 ont été réélus. — 1 nouveau. — Non réélus, MM. Etienne Arago, Picas. — Electeurs inscrits, 47,521 ; votants, 32,466.

ARAGO (FRANÇOIS), élu le premier par 22,580 voix. Né à Estagel le 26 février 1786. A vingt-trois ans, il fut admis, par exception, à l'Académie des sciences dont il est l'un des secrétaires perpétuels. Ce fut en 1830 que M. Arago, nommé député par le département des Pyrénées-Orientales, commença à prendre une part active à la politique. Dans les journées de juillet, il se signala par la démarche qu'il fit auprès du maréchal Marmont, pour l'inviter à ne point exécuter les ordres impitoyables qu'il avait reçus de la cour. La vie parlementaire de l'illustre savant est trop connue pour qu'il soit nécessaire d'en rappeler ici les détails. Membre du gouvernement provisoire en février 1848, chargé en même temps des départements de la guerre et de la marine ; membre de la commission du pouvoir exécutif, il fit preuve d'un grand courage dans les malheureuses journées de juin. Il faisait partie, à l'Assemblée, du comité de la guerre. Il a voté pour l'amendement Grévy dans la question de la présidence, contre la proposition Rateau-Lanjuinais, et généralement contre tous les actes du ministère du 20 décembre.

ARAGO (EMMANUEL), élu à la Constituante par 29,363 voix, réélu le deuxième par 20,071 voix. Né en 1814 ; fils de M. François Arago ; avocat à la Cour d'appel de Paris ; commissaire du gouvernement provisoire à Lyon après la révolution de février 1848 ; ambassadeur à Berlin. Il était, à l'Assemblée, membre du comité des affaires étrangères. Il a voté contre la proposition Rateau-Lanjuinais, contre la suppression des clubs, pour celle de l'indemnité au commandant des gardes nationales de la Seine, et il a fait une opposition constante au ministère du 20 décembre.

GUITER (THÉODORE), élu à la Constituante par 30,570 voix, réélu le troisième par 19,785 voix. Né à Perpignan en 1797. Neveu du conventionnel Guiter, il fut, dans sa jeunesse, secrétaire de Destutt de Tracy. Notaire à Perpignan, il fut un des chefs du parti libéral sous la restauration. Après la révolution de juillet, il devint un des fondateurs de *l'Indépendant des Pyrénées-Orientales*. Membre du conseil municipal de Perpignan et du conseil général de son département, il fut nommé commissaire de la république après la révolution de février. Il faisait partie, à l'Assemblée, du comité de l'administration départementale et communale. Il a voté pour le droit au travail, pour l'impôt progressif, pour le crédit foncier et contre la proposition Rateau-Lanjuinais. Il a appuyé toutes les mesures proposées par les représentants de la Montagne. Il était porté sur la liste des républicains démocrates.

LEFRANC (PIERRE-JOSEPH), élu à la Constituante par 14,704 voix, réélu le quatrième par 19,018 voix. Né en 1815 à Montmirey-la-Ville, dans le Jura. Fils d'un cultivateur, il fit seul ses études en travaillant comme clerc chez un notaire. Devenu en 1844 l'un des collaborateurs les plus actifs de la *Revue Indépendante*, il y publia des lettres critiques, sous le pseudonyme de *Jean Bonhomme*. En 1846, il fonda à Perpignan le journal *l'Indépendant*, sous les auspices de la famille Arago, et subit plusieurs condamnations. Il était sur le point de rentrer en prison, lorsque, à la révolution de février, il fut nommé membre de la commission départementale. A l'Assemblée, il se montra opposé à l'état de siége et repoussa l'autorisation de poursuivre Louis Blanc et

Caussidière. Il faisait partie du comité des finances. Il a voté pour le droit au travail, contre la proposition Rateau-Lanjuinais, pour la réduction de l'impôt du sel, contre le ministère dans la discussion sur les affaires d'Italie, et généralement avec la réunion des représentants de la Montagne.

RHIN (BAS-). — 12 REPRÉSENTANTS.

Ce département avait nommé 15 représentants à la Constituante; 3 ont été réélus, — 9 nouveaux. — Non réélus : MM. Boussingault, Culmann, Champy, Dorlan, Engelhardt, Foy, Gloxin, Kling, Lauth, Lichtenberger, Martin de Strasbourg et Schlosser. — Électeurs inscrits, 146,242.

ANSTETT (A.) fils, élu le onzième à l'Assemblée législative par 34,400 voix. Brasseur dans la ville de Schlestadt. Il était porté sur la liste des républicains démocrates-socialistes qui a passé presque tout entière dans le département du Bas-Rhin.

BANDSEPT (N.), élu le dixième à l'Assemblée législative par 34,472 voix. Ouvrier cordonnier. Il a été porté sur la liste des démocrates-socialistes.

BEYER (E.), élu le huitième à l'Assemblée législative par 35,000 voix. Ouvrier peintre à Strasbourg. Républicain avant la révolution de février, il avait une grande influence sur la classe ouvrière de la ville. Il fut souvent à la tête des manifestations politiques. Il est républicain-socialiste.

BOCH (CHARLES), élu le sixième à l'Assemblée législative par 36,453 voix. Vigneron. Un des membres les plus jeunes de la Législative. Il a siégé au bureau provisoire comme secrétaire. Il a été nommé par les républicains démocrates-socialistes.

BRUCKNER, élu à la Constituante par 46,195 voix, réélu le premier par 51,720 voix. Né à Strasbourg le 8 février 1814. Ancien élève de l'École d'application de Metz; capitaine d'artillerie. Il faisait partie du comité de la guerre. Il a voté pour le droit au travail, contre l'impôt progressif, pour l'amendement Grévy, qui concentrait tous les pouvoirs dans l'Assemblée nationale et repoussait l'élection d'un président de la république, contre la proposition Rateau-Lanjuinais, pour la réduction de l'impôt du sel, contre la suppression des clubs ; il était un des signataires de la proposition du 11 mai, tendant à décréter d'accusation le président de la république et de ses ministres.

CHAUFFOUR (VICTOR), élu à la Constituante par 70,139 voix, réélu le deuxième par 49,525 voix. Né à Colmar en 1820. Professeur suppléant à la Faculté de droit de Strasbourg. Il était à l'Assemblée membre du comité de législation. Il a voté pour le droit au travail, contre l'impôt progressif, pour qu'il n'y ait pas de président de la république, pour le crédit foncier, contre la proposition Rateau-Lanjuinais, pour la réduction de l'impôt du sel, contre la suppression des clubs ; il a signé la proposition du 11 mai, relative à la mise en accusation du président de la république et de ses ministres.

COMMISSAIRE, élu le douzième à l'Assemblée législative par 33,474 voix, et aussi à Lyon par 69,920 voix. Sergent au 2ᵉ bataillon de chasseurs d'Afrique. Un des plus jeunes membres de la Législative. Il a siégé au bureau provisoire comme secrétaire. Il s'est déjà placé à la Montagne. C'est un des trois sous-officiers nommés par les démocrates-socialistes. Il a opté pour le Bas-Rhin.

EMMERY, élu à l'Assemblée législative le quatrième par 40,094 voix. Instituteur primaire, Israélite. Il professe les doctrines démocratiques et sociales. C'est un hardi novateur. Il siégera à la Montagne.

GOLDENBERGER, élu à l'Assemblée législative le septième par 35,744 voix. Fabricant de quincaillerie, né en Prusse, naturalisé; âgé de trente-cinq à quarante ans. Il est le seul candidat du parti modéré qui ait été élu dans le département.

JEHL, élu le cinquième à l'Assemblée législative par 37,058 voix. Agriculteur et maire de Rhinau. Il était porté sur la liste des candidats républicains démocrates et socialistes.

KOPP (E.), élu le neuvième à l'Assemblée législative par 34,546 voix. Docteur ès sciences, ancien professeur de l'Ecole normale, professeur de chimie à la Faculté de médecine de Strasbourg. Dès 1833 il prêchait la doctrine phalanstérienne. Il a écrit différents articles dans le journal *Le Démocrate du Rhin*. C'est un des plus énergiques partisans du socialisme.

WESTERCAMP, élu à la Constituante par 50,415 voix, réélu le troisième par 48,266 voix. Né à Wissembourg le 17 décembre 1799. Notaire. Connu par son opposition au dernier gouvernement déchu. Il faisait partie à l'Assemblée du comité de la guerre. Il a voté pour le droit au travail, contre la proposition Rateau-Lanjuinais, pour la réduction de l'impôt du sel, contre la suppression des clubs, et contre le ministère, dans la discussion sur les affaires d'Italie; il a repoussé l'état de siège et la demande en autorisation de poursuites contre Louis Blanc. Il a appuyé presque toutes les mesures proposées par la Montagne.

RHIN (HAUT-). — 10 REPRÉSENTANTS.

Ce département avait nommé 12 représentants à la Constituante; 4 ont été réélus, — 6 nouveaux. — Non réélus:

MM. Bardy, Dollfus, Heuchel, Kestner, Rudler, Stœcklé, Struch et Yves. — Electeurs inscrits, 118,335.

BURGARD, élu le sixième à la Législative par 35,076 voix. Cultivateur, maire de Willers; candidat des républicains démocrates-socialistes.

CASSAL, élu à l'Assemblée législative le quatrième par 38,809 voix. Maire d'Altkirch. Candidat des républicains démocrates-socialistes qui ont fait une propagande très active dans le Haut-Rhin.

FAWTIER, élu à la Constituante en remplacement de M. Chauffour démissionnaire, réélu le cinquième par 37,741 voix. Nommé préfet du Haut-Rhin sous l'administration du général Cavaignac, il fut destitué par M. Léon Faucher, et les électeurs de ce département l'envoyèrent à la Constituante pour protester contre cette mesure. Il a voté pour la mise en accusation du ministère du 10 décembre, et contre la suppression des clubs. Il était porté sur la liste des démocrates-socialistes.

HEECKEREN (GEORGES), élu à la Constituante par 27,504 voix, réélu le premier par 34,004 voix. Né en 1813 à Soultz, d'une des plus anciennes familles de l'Alsace. Neveu du prince de Hatzfeld, il prit du service en 1830 en Russie où il devint, au bout de deux ans, capitaine dans les chevaliers-gardes; il y fut adopté par le baron de Heeckeren, ambassadeur de Hollande, et quitta alors son nom de famille qui était Dantès. Forcé de rentrer en France, à la suite d'un duel dans lequel il tua le poëte Pouschkin, il devint membre du conseil général du Haut-Rhin, et se présenta, mais sans succès, comme candidat aux élections de 1846, en concurrence avec M. de Golbéry. Il était à l'Assemblée secrétaire du comité des affaires étrangères. Il a voté contre les deux Chambres et pour le vote à la commune, pour la proposition Rateau-Lanjuinais, pour la suppression des clubs, et contre la proposition d'amnistie présentée dans la séance de clôture de l'Assemblée constituante. Il faisait partie du comité électoral de la rue de Poitiers. Il a été pendant quelque temps un des secrétaires de l'Assemblée constituante.

HOFFER, élu le huitième à la Législative par 33,776 voix. Les républicains démocrates-socialistes, qui l'avaient porté sur leurs listes, ont soutenu très activement sa candidature.

KŒNIG (CHARLES), élu à la Constituante par 38,922 voix, réélu le troisième par 38,903 voix. Né à Colmar le 19 novembre 1797. Avocat à la Cour royale de Colmar. Il fut en 1822 l'un des défenseurs des accusés de la conspiration de Belfort. En 1826, il quitta le barreau pour fonder un établissement d'horticulture. Nommé à l'unanimité capitaine de la garde nationale de Colmar en 1831, puis conseiller municipal, il se signala par l'énergie de son opposition sous le dernier gouvernement. Il fit partie en 1847 du comité chargé d'organiser le banquet réformiste de Colmar, qui fut le premier des départements. Après la révolution de février, l'élection populaire lui conféra, à l'unanimité, le commandement en chef de la garde nationale de Colmar. Il fut nommé le 3 mars commissaire du gouvernement dans le Haut-Rhin. Il était à l'Assemblée membre du comité de la guerre. Il a voté pour le droit au travail, pour l'amendement Grévy dans la question de la présidence, pour le crédit foncier, contre la proposition Rateau-Lanjuinais, contre le ministère dans la discussion sur les affaires d'Italie, et généralement pour toutes les mesures présentées par la Montagne.

MUCHLENBACH, élu le septième à l'Assemblée législative par 33,777 voix. Maire de Sainte-Marie-aux-Mines. Il a été porté sur la liste des candidats républicains démocrates-socialistes.

PFLIÉGER, élu le dixième par 33,075 voix. Jardinier-pépiniériste d'Altkirch, il était porté sur la liste des candidats républicains démocrates-socialistes.

PRUDHOMME, élu à la Constituante par 59,925 voix, réélu le deuxième par 34,841 voix. Né en 1803 à Hombourg. Ancien notaire, propriétaire. Sous la monarchie il s'était vainement présenté plusieurs fois comme candidat de l'opposition aux suffrages des électeurs du Haut-Rhin. Il s'est fait connaître à l'Assemblée par une proposition de crédit foncier; il y était membre du comité de l'agriculture. Il a voté pour les deux Chambres et le vote à la commune, contre la suppression du remplacement militaire, pour la proposition Rateau-Lanjuinais, pour la réduction de l'impôt du sel, pour la suppression des clubs, et généralement avec la réunion de la rue de Poitiers.

SAVOIE, élu le neuvième à l'Assemblée législative par 33,276 voix. Réfugié allemand, naturalisé. Il a été professeur de langue et de littérature allemande au collége Rollin. Nommé sous le gouvernement provisoire chargé d'affaires de la république française à Francfort, il a été révoqué depuis. Il était porté sur la liste des candidats démocrates-socialistes.

RHONE. — 11 REPRÉSENTANTS.

Ce département avait nommé 14 représentants à la Constituante; 5 ont été réélus. — 6 nouveaux — Non réélus : MM. Auberthier, Ferrouillat, Gourd, Lacroix, Laforest, de Mortemart, Mouraud, Paullian et Rivet.

BENOIT (JOSEPH), élu à la Constituante par 63,981

voix, réélu le quatrième par 70,968 voix. Né en 1812, à Saint Martin-de-Rovel (Ain). Chef d'atelier dans une fabrique de soieries de Lyon ; il a écrit dans le journal la *Fraternité* plusieurs articles sur les questions sociales et économiques. Il était membre de la *Société des Droits de l'Homme*. A l'Assemblée, il faisait partie du comité du travail. Il a voté pour le droit au travail, pour l'impôt progressif, pour l'amendement Grévy, dans la question de la présidence, pour le crédit foncier, pour la suppression du remplacement militaire, contre la proposition Rateau-Lanjuinais, pour la réduction de l'impôt du sel. Il était un des signataires de la proposition du 11 mai, tendant à mettre en accusation le président de la république et ses ministres. Il était porté sur la liste des républicains démocrates-socialistes qui a passé tout entière dans le Rhône.

CHANAY (PHILIBERT), élu à la Constituante par 54,504 voix, réélu le premier par 72,659. Né à Belleville le 30 septembre 1800. Avocat, défenseur des associations d'ouvriers et des journaux de l'opposition ; il conspira souvent sous la dernière monarchie et prit part notamment aux affaires d'avril 1834. Il était, à l'Assemblée, membre du comité du travail. Il a voté pour le droit au travail, contre l'amendement Grévy, dans la question de la présidence, pour le crédit foncier, pour la suppression du remplacement militaire, pour la réduction de l'impôt du sel, contre la suppression des clubs, contre le ministère, dans la discussion sur les affaires d'Italie, et généralement en faveur de toutes les propositions faites par la Montagne.

COMMISSAIRE, élu le dixième à l'Assemblée législative par 69,920 (Voir sa biographie au département du Bas-Rhin, dans lequel il a été également élu et pour lequel il a opté).

DOUTRE (ESPRIT), élu à la Constituante par

104,900 voix, réélu le deuxième par 71,334 voix. Né à Lyon en 1810. Ouvrier typographe ; commissaire extraordinaire de la république dans une des communes voisines de Lyon. A l'Assemblée, il faisait partie du comité du travail ; démocrate-socialiste, il siégeait sur les bancs de la Montagne et a constamment voté avec elle ; son nom figurait au bas de la poposition du 11 mai, tendant à décréter d'accusation le président de la république et ses ministres.

FAURE, élu le neuvième à l'Assemblée législative par 70,107 voix. Coutelier. Il est démocrate-socialiste. Il siégera avec les représentants de la Montagne.

FOND, élu le huitième à l'Assemblée législative par 70,219 voix. Coutelier. Il a été porté sur la liste des candidats républicains démocrates-socialistes.

GREPPO, élu à la Constituante par 45,194 voix, réélu le septième par 70,233 voix. Né à Pouilly en 1820. Chef d'atelier dans une manufacture de soieries ; il a fait partie de plusieurs sociétés secrètes et entre autres de l'association des mutuellistes. Un des membres les plus avancés du parti socialiste, il appartenait dans l'Assemblée au comité du travail, et siégeait sur les bancs de la Montagne dont il a constamment appuyé les votes. Il était un des signataires de la proposition du 11 mai, tendant à mettre en accusation le président de la république et ses ministres. Il est surtout célèbre par son vote du 31 juillet, en faveur de la proposition de M. Proudhon, dont il fut l'unique approbateur. Il a été également porté sur la liste des candidats démocrates-socialistes du département de la Seine, et il a obtenu plus de 100,000 voix.

MATHIEU (de la Drôme), élu le sixième par 70,659 voix (Voir pour sa biographie au département de la Drôme, dans lequel il a été également élu).

MORELLET, élu à l'Assemblée législative le cinquième par 70,934 voix. Avocat au barreau de Lyon. Il était porté sur la liste des candidats républicains démocrates-socialistes, qui a obtenu une majorité considérable dans le département du Rhône.

PELLETIER, élu à Constituante par 45,471 voix, réélu le troisième par 71,139 voix. Né à Tarare, en 1810. Aubergiste. Il faisait partie, à l'Assemblée, du comité de l'Algérie. Il a constamment siégé et voté avec la Montagne ; son nom figurait au bas de la proposition de mise en accusation du président de la république et de ses ministres, présentée le 11 mai à l'Assemblée nationale.

RASPAIL (BENJAMIN), élu le onzième à l'Assemblée législative par 69,508 voix. Fils ainé de Raspail, célèbre par son procès dans l'affaire du 15 mai. Il partage complétement les opinions de son père. C'est un républicain démocrate-socialiste.

SAONE (HAUTE-). — 7 REPRÉSENT.

Ce département avait nommé 9 représentants à la Constituante ; 5 ont été réélus, — 2 nouveaux. — Non réélus : MM. Angar, Guérin, Minal et Noizot. — Electeurs inscrits, 98,904.

DUFOURNEL, élu à la Constituante par 63,499 voix, réélu le deuxième par 32,787 voix. Né en 1808. Maître de forges, ancien député. Il fut envoyé à la Chambre, en 1842, par l'arrondissement de Grey, en remplacement de M. Lacordaire, ingénieur. Il appartenait à l'opposition de gauche et a constamment voté avec elle. Il a pris une part active au mouvement réformiste qui a précédé la révolution de février. A la Constituante il était membre du comité du travail. Il a voté contre le droit au travail, pour les deux

Chambres, pour le vote à la commune, pour la proposition Rateau, contre la mise en accusation du ministère du 10 décembre, pour la suppression des clubs. Il appartenait au parti modéré de la Constituante.

GRAMMONT (FERDINAND DE), élu à la Constituante par 68,620 voix, réélu le premier par 33,087 voix. Né en 1805. Propriétaire, ancien député. Envoyé à la Chambre en 1837, il vota constamment avec l'opposition de gauche. Il était partisan de la réforme électorale. A la Constituante, il était membre du comité du commerce. Il a voté contre le droit au travail, pour les deux Chambres, pour le vote à la commune, pour la proposition Rateau. Il appartient au parti modéré, mais il a sincèrement accepté la république.

HUGUENIN, élu à la Législative le sixième par 27,481 voix. Il était avocat à Lure. La fougue ardente de ses plaidoiries l'a fait condamner plusieurs fois à des suspensions temporaires. Il était porté sur la liste des républicains démocrates.

LÉLUT (FRANCISQUE), élu à la Constituante par 22,028 voix, réélu le cinquième par 27,692 voix. Né en 1804. Membre de l'Académie des sciences, médecin de l'hospice de la Salpêtrière et de la prison de la Roquette, à Paris; membre du conseil de salubrité, auteur de plusieurs ouvrages sur la médecine. A la Constituante il était membre du comité de l'instruction publique. Il a voté contre le droit au travail, pour les deux Chambres, pour le vote à la commune, pour la proposition Rateau, pour la suppression des clubs, contre la mise en accusation du ministère du 20 décembre. Il appartenait à la nuance des représentants qui se réunissaient rue de Poitiers.

MILLOTTE, élu à la Constituante par 54,817

voix, réélu le troisième par 30,705 voix. Né à Lure le 4 juin 1810. Il se battit en juillet 1830. Élève de l'Ecole polytechnique, il passa deux ans à l'Ecole d'application de Metz, d'où il est sorti pour entrer dans un régiment d'artillerie. Il est capitaine. A la Constituante, il était membre du comité de la marine. Il a voté contre le droit au travail, contre les deux Chambres, contre le vote à la commune, contre la proposition Rateau. Il appartenait à la nuance des représentants qui se réunissaient au Palais-National.

SIGNARD (FRÉDÉRIC), élu à Constituante par 20,157 voix, réélu le quatrième par 29,088. Né en 1803 à Mornay-sur-Vingeanne (Côte-d'Or). Il était docteur en médecine à Autrey près Gray. Républicain avant février, il fut nommé par M. Ledru-Rollin commissaire du gouvernement provisoire à Vesoul. A la Constituante, il a voté pour le droit au travail, contre les deux Chambres, contre la proposition Rateau, pour la mise en accusation du ministère du 10 décembre, contre la loi sur les clubs. Il était membre du conseil central de la *Solidarité républicaine*, et appartenait à la nuance des représentants qui siégeaient à la Montagne. Il était du comité de l'agriculture et du crédit foncier.

VERSIGNY, élu à la Législative le septième par 26,631 voix. Il était avocat à Gray. Il était porté sur la liste des candidats républicains démocrates et socialistes, dont quatre candidats sur sept ont été élus.

SAONE-ET-LOIRE. — 12 REPRÉSENT.

Ce département avait nommé 14 représentants à la Constituante; 2 ont été réélus. — 10 nouveaux. — Non réélus, MM. Bourdon, Dariot, Jeandeau, Lacroix, Martin, Mathey,

Mathieu, Petit-Jean, Pezerat, Reverchon, Charles Rolland et Thiard.—Electeurs inscrits, 151,834 ;—votants, 109,200.

BARD (ANTOINE), élu le onzième à l'Assemblée législative par 72,240 voix. Notaire à Puray. Petit-fils du général Bard. Après la révolution de février, il appartenait au parti modéré de son département; aujourd'hui il est républicain démocrate-socialiste.

BOYSSET, élu le quatrième à l'Assemblée législative par 75.880 voix. Après la révolution de février, il avait été nommé procureur de la république. Depuis il a été révoqué. Il est républicain démocrate-socialiste et il votera avec la Montagne.

BRUYS (AMÉDÉE), élu à la Constituante par 67,178 voix, réélu le troisième par 74.975 voix. Né à Cluny en 1818. Étudiant en droit en 1836, il fut impliqué dans la conspiration dite *des familles*, et, après avoir subi quatre mois de prévention, il fut condamné à quatre mois de prison. En 1838, accusé de nouveau, il fut condamné à dix-huit mois de détention cellulaire, condamnation qu'il a subie tant à Paris, qu'à Melun et à Doullens. A la Constituante, il était membre du comité des affaires étrangères. Il appartenait à la réunion des représentants de la Montagne avec lesquels il a toujours voté. Il était président de la première réunion de la Montagne, en mai 1848.

GINDRIEZ, élu le neuvième à l'Assemblée législative par 72,912 voix. C'est un républicain de la veille. Après la révolution de février, M. Ledru-Rollin le nomma commissaire du gouvernement provisoire à Besançon. A Châlons, il enseignait la tenue de livres. Il a été porté sur la liste des candidats républicains démocrates-socialistes qui a passé tout entière dans ce département.

HEITZMAN (VICTOR), élu le dixième à l'Assemblée législative par 72,686 voix. C'est un ouvrier de l'usine du Creuzot. Il faisait partie de plusieurs clubs où il a souvent prononcé des discours. Il est républicain démocrate-socialiste et prendra sa place au milieu des représentants de la Montagne.

JEANNOT (FERDINAND), élu le douzième à l'Assemblée législative par 72,190 voix. Il était caissier du receveur particulier des finances à Louhans. Il a été porté sur la liste des républicains démocrates-socialistes.

LANDOLPHE, élu le huitième à l'Assemblée législative par 73,609 voix. Ancien membre de la société des *Droits de l'homme*, et ancien détenu politique sous Louis-Philippe, puis amnistié. Après la révolution de février, il avait été nommé consul. Après l'insurrection de juin, il fut arrêté et acquitté par le conseil de guerre. Il est âgé d'environ quarante ans. C'est un républicain démocrate-socialiste. Il a pris la parole à la seconde séance de la Législative, pour demander que tous les représentants s'unissent dans un seul et même cri de *Vive la République!*

LEDRU-ROLLIN, élu le premier par 75,510 voix (Voir sa biographie dans le département de l'Allier où il a été également élu, ainsi que dans l'Hérault, la Seine et le Var).

MENAND (ÉMILIEN-ANNE-MARIE), élu à la Constituante par 78,644 voix, réélu le deuxième par 75,367 voix. Né le 22 septembre 1786 à Moroges (Saône-et-Loire). Avocat à Châlons-sur-Saône ; lors de la première entrée des alliés en 1814, il se mit à la tête des corps-francs pour aller combattre l'ennemi. Quand Napoléon revint de l'île d'Elbe, il fut nommé membre du conseil municipal. A la seconde restauration, il fut mis en accusation pour avoir favorisé le retour de l'*usurpateur*, et ne fut amnistié qu'en 1817. Jusqu'en 1830, il conspira toujours avec le parti libéral. Après la révolution de juillet, il fut nommé procureur du roi, mais il fut destitué en 1831 pour ses opinions républicaines. Compromis dans les affaires de Lyon en 1834, il fut condamné à dix ans de déportation, comme chef de complot; il échappa à l'exil en se cachant dans le pays. Enfin, il partit pour l'Allemagne, y resta trois ans et fut amnistié. Il revint alors à Châlons où il fut nommé membre du conseil municipal et commandant de la garde nationale. A la Constituante, il faisait partie du comité de la justice, et il a toujours voté avec les représentants de la Montagne.

RACCOUCHOT, élu le sixième à l'Assemblée législative par 73,303 voix. Propriétaire-cultivateur. Il est républicain démocrate-socialiste.

ROLLAND (AUGUSTE), élu le septième à l'Assemblée législative par 73,670 voix. Ancien militaire, ancien professeur à Bourges, où, il n'y a pas un an, il avait prononcé un discours très exalté qui devint pour *le Constitutionnel* un sujet d'interpellation. Il est républicain, démocrate et socialiste. Il n'est pas de la même famille que M. Charles Rolland, ancien maire de Mâcon, jeune homme de beaucoup de mérite, qui n'a pas été réélu et qui appartenait à la nuance des républicains modérés.

ROUGEOT, élu le cinquième à l'Assemblée législative par 73,803 voix. C'est un cultivateur. Il est maire de la commune de Saint-Dezairs. C'était un républicain modéré qui est devenu démocrate-socialiste.

SARTHE. — 10 REPRÉSENTANTS.

Ce département avait nommé 12 représentants à la Constituante; 4 ont été réélus. — 6 nouveaux. — Non réélus,

MM. Chevé, Degousée, Gasselin de Chantenai, Hauréau, Lebreton, Lorette, Saint-Albin et Trouvé-Chauvel.—Electeurs inscrits, 135,000.

BEAUMONT (GUSTAVE DE), élu à la Constituante par 83,985 voix, réélu le deuxième par 67,850 voix. Né en 1802. Sous la restauration, il était substitut au Tribunal de première instance de la Seine. Il fut destitué en 1830. En 1831, il partit avec M. de Tocqueville pour aller étudier le système pénitentiaire aux États-Unis. A son retour, on lui donna une place dans la magistrature ; mais il fut révoqué au bout de quelques mois. Il publia alors deux ouvrages remarquables : *Marie ou l'Esclavage*, et *l'Irlande sociale, politique et religieuse*. En 1840, nommé député, il siégea toujours dans l'opposition. A la Constituante, il était membre du comité des affaires étrangères ; sous l'administration du général Cavaignac il a été envoyé comme ambassadeur en Angleterre. Il a voté pour la proposition Rateau-Lanjuinais, contre la diminution de l'impôt du sel. Il a sincèrement accepté la république, et doit être classé parmi les républicains modérés de la nuance de M. Dufaure.

BONAPARTE (NAPOLÉON), élu le sixième par 59,622 voix (Voir sa biographie au département de la Charente-Inférieure, dans lequel il a été également élu).

BEAUNAY (DE), élu le neuvième à l'Assemblée législative par 51,748 voix. Propriétaire. Sa candidature a été soutenue par le parti modéré.

GASSELIN DE FRESNAY (AUGUSTE-ANDRÉ), élu à la Constituante par 66,282 voix, réélu le cinquième par 62,164 voix. Né à la Suze (Sarthe) le 6 septembre 1802. Notaire après 1830 et maire de la commune de Cerans-Foulitoulte. Il était, à la Constituante, du comité de l'administration départementale et communale. Il a voté contre le droit au travail, pour les deux Chambres, pour la proposition Rateau-Lanjuinais et pour la suppression des clubs.

GRIMAULT, élu le septième à l'Assemblée législative par 55,181 voix. Il était un des candidats des anciens conservateurs et du parti légitimiste.

LAMORICIÈRE, élu à la Constituante par 82,644 voix, réélu le premier par 69,680 voix, et à Paris par 121,632 voix. Lieutenant-général. Né à Nantes le 5 février 1806, ancien élève de l'École polytechnique et de l'École d'application de Metz. En 1830, il partit pour l'Afrique où il gagna tous ses grades sur les champs de bataille. Il a coopéré à la prise mémorable de Constantine, et c'est entre ses mains qu'Abd-el-Kader a remis son épée. En 1846, il fut élu député par le collége de Mamers, et il a siégé au centre gauche. Le 24 février 1848, M. de Lamoricière parut sur les boulevards, en uniforme de colonel de la garde nationale, proclamant la régence et la fin des hostilités, mais dans la rue de Rohan son cheval fut tué, et lui-même reçut au bras un coup de baïonnette. A la Constituante, il appartenait au comité de la guerre. Aux journées de juin, il commandait l'attaque de la place de la Bastille et du faubourg Saint-Antoine. Il eut trois chevaux tués sous lui. Il a été ministre de la guerre sous l'administration du général Cavaignac. Il a voté contre le droit au travail, contre les deux Chambres, pour la proposition Rateau, pour la loi sur les clubs, et assez souvent avec l'opposition contre le ministère du 20 décembre.

LANGLAIS, élu à la Constituante par 58,535 voix, réélu le quatrième par 60,805 voix. Né à Mamers le 7 février 1810. Il fit ses études au collége de Mamers, où il fut ensuite professeur de rhétorique. Puis il vint à Paris pour étudier le droit. Il a écrit dans plusieurs journaux et notamment dans *la Presse*. A la Constituante, il était membre du comité de la justice. Il a voté contre le droit au travail, contre l'impôt progressif, contre le crédit foncier, pour la proposition Rateau-Lanjuinais et pour la suppression des clubs.

RIANCEY (HENRI DE), élu le dixième à l'Assemblée législative par 51,165 voix. Avocat, homme de lettres, jeune homme très distingué, depuis longtemps secrétaire du comité catholique de la liberté religieuse. Ami de M. de Montalembert, défenseur de la liberté de l'enseignement. Il faisait partie du comité électoral de la rue de Poitiers.

ROGÉ, élu le huitième à l'Assemblée législative par 53,749 voix. Général. Il était porté sur la liste du parti modéré et des bonapartistes.

TALHOUET (DE), élu le troisième à l'Assemblée législative par 64,007 voix. Propriétaire. Il était porté sur la liste des candidats modérés. Il a déjà été nommé secrétaire dans un des bureaux de la nouvelle Assemblée.

SEINE. — 28 REPRÉSENTANTS.

Ce département avait nommé 34 représentants à la Constituante ; 13 ont été réélus, — 15 nouveaux. — Non réélus : MM. Albert, Arago (François), Berger, L. Blanc, Boissel, Buchez, Carnot, Caussidière, Changarnier, Corbon, Cormenin, Flocon, Fould, Garnier-Pagès, Goudchaux, Guinard, Lamartine, Marie, Proudhon, Raspail, L.-N. Bonaparte.— Votants, 287,643.

BAC (THÉODORE), élu à la Constituante dans le département de la Haute-Vienne par 38,776 voix, réélu dans ce département le deuxième par 36,609 voix, et dans la Seine le seizième par 112,259 voix. Né à Limoges en 1808. Avocat, défenseur de madame Lafarge. Il faisait partie du comité des affaires étrangères à l'Assemblée ; il siégeait à la Montagne dont il est un des orateurs. Il a pris plusieurs fois la parole, notamment pour défendre M. Louis Blanc, son ami ; mais il n'a pas tout à fait justifié, comme orateur parlementaire, les espérances qu'avaient fait concevoir les succès de ses plaidoiries au barreau. Cependant c'est un homme de talent. Il était porté sur la liste des candidats démocrates-socialistes. Il a assisté à un grand nombre de leurs banquets.

BARROT (ODILON), élu le quinzième par 112,675 voix (Voir sa biographie dans le département de l'Aisne, où il a été également élu).

BEDEAU (MARIE-JOSEPH), élu à la Constituante dans le département de la Loire-Inférieure par 97,420 suffrages, réélu dans la Seine, le cinquième, par 125,101 voix. Né à Vertou le 19 août 1804. Il sortit comme sous-lieutenant de l'Ecole de Saint-Cyr, en 1822, pour entrer à l'Ecole d'application d'état-major. Il a fait en 1831 et 1832 la campagne de Belgique. En 1836, il alla en Afrique comme chef de bataillon de la légion étrangère. Colonel au 17ᵉ léger, il fit partie des deux expéditions de Sétif en 1836 et 1839. Nommé successivement gouverneur de la province de Constantine, puis général de division, il était à Paris le 24 février. Aux journées de juin, chargé de combattre contre les insurgés, il fut grièvement blessé et faillit en mourir. Il était membre du comité de la guerre. Il a voté pour la proposition Rateau-Lanjuinais, contre la mise en accusation du ministère du 20 décembre, pour la suppression des clubs, et en général avec le parti modéré. Il a été pendant quelques mois un des vice-présidents de l'Assemblée.

BIXIO, élu le quatorzième par 112,918 voix (Voir

sa biographie dans le département du Doubs, où il a été également réélu).

BOICHOT (JEAN-BAPTISTE), élu le quatrième à la Législative par 127,998 voix. Né le 20 août 1820 à Suize (Haute-Marne). En mars 1839, il s'engagea comme volontaire dans le 7ᵉ léger, où il a passé ses grades les uns après les autres; il est actuellement sergent-major dans ce régiment. Lorsqu'il eut été porté comme candidat par le comité républicain démocrate-socialiste du département de la Seine, il fut arrêté. Il y eut un mouvement dans son régiment qui était campé à la place des Invalides; on voulut le délivrer. Le lendemain, Boichot fut conduit à Vincennes, et son régiment fut renvoyé de Paris. Après sa nomination, il a été mis en liberté. Il a publié dans les journaux plusieurs lettres contre les calomnies que l'on faisait courir sur son compte, et il s'est déclaré hautement démocrate-socialiste. Il siége à la Montagne.

CAVAIGNAC (le général EUGÈNE), élu le dix-septième par 111,305 voix (Voir sa biographie dans le département du Lot, où il a été également élu).

CONSIDÉRANT (VICTOR), élu à la Constituante dans le département du Loiret par 34,370 voix, réélu dans la Seine, le dix-huitième, par 111,241 voix. Né à Salins en 1808. Ancien élève de l'Ecole polytechnique, ancien capitaine du génie. Il donna sa démission pour étudier les doctrines de Fourier, dont il est un des plus zélés disciples et le plus infatigable continuateur. Il est rédacteur en chef de *la Démocratie pacifique*. Il a écrit un grand nombre d'ouvrages et de brochures. Depuis plusieurs années, il était membre du conseil général de la Seine. Il a pris plusieurs fois la parole à la Constituante. Il était du comité du travail et a fait partie de la commission de constitution. Il a voté avec les représentants de la Montagne, dont cependant il ne fréquentait pas les réunions.

COQUEREL (ATHANASE-LAURENT-CHARLES), élu à la Constituante par 109,934 voix, réélu le vingt-unième par 110,450 voix. Né à Paris le 27 août 1795. Il fit ses études théologiques à Montauban, et fut appelé, en 1818, à occuper la place de pasteur dans l'Eglise française d'Amsterdam. Il resta douze ans à la tête de cette Eglise. Cuvier le fit revenir à Paris, où, depuis 1830, il a exercé le ministère évangélique. Il a publié un grand nombre d'ouvrages sur des matières religieuses, sur l'histoire et la littérature. A la Constituante, il était membre du comité du travail. Il a voté contre le droit au travail, pour la proposition Rateau-Lanjuinais, contre la mise en accusation du ministère du 20 décembre, pour la suppression des clubs. Il avait été rapporteur de la première loi sur les clubs. Il a pris souvent la parole dans l'Assemblée.

DUFAURE, élu à la Constituante dans la Charente-Inférieure par 68,197 voix, réélu dans le même département le premier par 83,992 voix, et à Paris le septième par 119,373 voix (Voir sa biographie à la Charente-Inférieure).

GARNON, élu à la Constituante par 106,747 voix, réélu le vingt-quatrième par 109,162 voix. Né en 1797. Maire de Sceaux, ancien notaire, ancien député. Il a toujours voté à la Chambre avec l'opposition du centre gauche. A la Constituante, il était membre du comité de l'administration départementale. Il a voté contre le droit au travail, pour la proposition Rateau-Lanjuinais, contre la mise en accusation du ministère du 20 décembre, pour la suppression des clubs.

HUGO (VICTOR), élu à la Constituante, aux élections supplémentaires du 4 juin par 86,965 voix, réélu le dixième par 117,069 voix. Né à Besançon le 26 février 1802. Poëte, homme de lettres, ancien pair de France, membre de l'Académie française. A la Chambre des pairs, il a prononcé quelques discours remarquables et il a généralement voté avec l'opposition. A la Constituante, il était membre du comité de l'intérieur. Il a voté contre l'impôt progressif, contre le vote à la commune, pour la proposition Rateau-Lanjuinais, et contre la suppression des clubs. Il était membre du comité électoral de la rue de Poitiers.

LAGRANGE (CHARLES), élu à la Constituante, aux élections complémentaires du 4 juin par 78,683 voix, réélu le troisième par 128,087 voix. Né à Paris en 1804. Il entra fort jeune dans le corps d'artillerie de marine, où il se signala par des actes de bravoure et de courage. Il prit son congé en 1829. En 1830, il prit une part très active à la révolution de juillet. En 1832, il était combattant à Lyon. Il fut incriminé et condamné dans le procès d'avril. En 1840, il était prisonnier à Sainte-Pélagie. A la révolution de février, il joua aussi son rôle, et fut nommé le premier gouverneur de l'Hôtel-de-Ville par le gouvernement provisoire. A la Constituante, il était membre du comité de la guerre. Il a voté pour le droit au travail, contre la proposition Rateau-Lanjuinais, contre la loi sur les clubs, et généralement avec les représentants de la Montagne. Il n'a cessé de réclamer, à l'Assemblée, l'amnistie pour les insurgés de juin. Il est un des candidats de la liste des démocrates-socialistes.

LAMENNAIS (FÉLICITÉ-ROBERT), élu à la Constituante par 104,000 voix, réélu le treizième par 113,351 voix. Né à Saint-Malo en 1782, d'une famille riche et considérée. A vingt-deux ans, il donnait des leçons de mathématiques. En 1808, il publia son premier écrit, *Réflexions sur l'Etat de l'Eglise en*

France, qui fut saisi par la police impériale. M. Lamennais se fit ordonner prêtre en 1816. Plus tard, il publia, avec Châteaubriand et de Villèle, *le Conservateur*. En 1824, il fit un voyage à Rome, et refusa le chapeau de cardinal que lui offrit le pape Léon XII. En 1825 et 1826, il fut condamné deux fois pour délit de presse. Après la révolution de juillet, il publia ses *Paroles d'un Croyant* et son *Livre du Peuple*. En 1840, il fut condamné à un an de prison pour son livre *du Pays et du Gouvernement*. En 1847, il se déclara contre le socialisme dans *le National*, et *la Réforme* refusa d'insérer sa lettre. Après la révolution de février, il fonda le journal *le Peuple constituant*, qui fut suspendu par le général Cavaignac aux journées de juin. A la Constituante, il était du comité de législation, et il a toujours voté avec les représentants de la Montagne, dont il est un des principaux membres. Il était porté sur la liste des candidats démocrates-socialistes.

LAMORICIÈRE, élu le sixième par 121,632 voix (Voir sa biographie au département de la Sarthe, dans lequel il a été nommé également).

LASTEYRIE (Ferdinand de), élu à la Constituante par 165,156 voix, réélu le vingt-sixième par 107,870 voix. Né en 1810. Élève distingué de l'École des mines, il était aide-de-camp de Lafayette en 1830 ; puis il fut employé dans les ponts et chaussées jusqu'en 1837 ; ensuite il entra au ministère de l'instruction publique, et enfin à l'intérieur et aux cultes. Nommé député en 1842 par l'arrondissement de Saint-Denis, il a constamment fait partie de l'opposition de gauche. Il a pris part au mouvement réformiste de 1847. Il a présidé le banquet de Saint-Denis. A la Constituante, il était membre du comité de l'intérieur. Il a voté contre le droit au travail, pour les deux Chambres, contre le vote à la commune, pour la suppression du remplacement militaire, pour la proposition

Rateau-Lanjuinais et contre la suppression des clubs. Il est républicain modéré de la nuance de M. Dufaure.

LEDRU-ROLLIN, élu le deuxième par 130,070 voix (Voir sa biographie au département de l'Allier, dans lequel il a été élu, ainsi que dans les départements de Saône-et-Loire, de l'Hérault et du Var).

LEROUX (Pierre), élu à la Constituante, aux élections complémentaires du 4 juin par 91,375 voix, réélu le vingt-deuxième par 110,127 voix. Né à Paris en 1798. D'abord compositeur-typographe, il débuta dans la carrière scientifique, en collaboration de Jean Reynaud, par la publication de l'*Encyclopédie nouvelle*. En 1840, il publia son ouvrage de l'*Humanité* qui fit école. Rédacteur avec G. Sand de la *Revue indépendante*, il se retira plus tard à Boussac, où il fonda une imprimerie par association. A la Constituante, il était membre du comité des finances. Il a prononcé plusieurs discours. Il est l'auteur de l'article de la loi électorale qui interdit la dignité de représentant du peuple aux hommes condamnés pour adultère. Il a voté pour le droit au travail, pour une Chambre unique, contre la proposition Rateau-Lanjuinais, pour la mise en accusation du ministère du 20 décembre, contre la loi sur les clubs, et généralement avec les représentants de la Montagne, dont il est un des principaux membres.

MOREAU, élu à la Constituante, aux élections complémentaires de juin 1848, par 126,889 suffrages, réélu le huitième par 118,146 voix. Né à Château-Landon en 1791. Notaire à Paris, ancien maire du 7º arrondissement, ancien député. A la Chambre, où il a siégé depuis 1833, il a toujours voté avec le centre gauche. A la Constituante, il était membre du comité de l'intérieur. Il a voté contre le droit au travail, contre l'impôt progressif, pour les deux Chambres, pour la proposition Rateau-Lanjuinais et pour la suppression des clubs.

MURAT (Lucien), élu le premier à la Législative par 134,825 voix (Voir sa biographie au département du Lot, où il a été également élu le premier par 36,258 voix).

PASSY, élu à l'Assemblée législative le neuvième par 117,138 voix (Voir sa notice au département de l'Eure, dans lequel il a été également élu).

PERDIGUIER (Agricol), élu à la Constituante par 117,290 voix, réélu le vingt-septième par 107,838 voix. Né à Morières (Vaucluse) en 1806. Fils d'un menuisier, il embrassa l'état de son père. En 1832, il combattit au 5 et 6 juin. Plus tard, il écrivit plusieurs brochures sur le compagnonnage. A la Constituante, il faisait partie du comité du travail, et il a toujours voté avec les représentants de la Montagne, dont il était un des membres.

PEUPIN, élu à la Constituante par 132,000 voix, réélu le vingt-troisième par 109,960 voix. Horloger, membre du conseil des prud'hommes. Il a écrit avant la révolution de février dans un petit journal hebdomadaire, qui était spécialement rédigé par des ouvriers. Il a été un des secrétaires de l'Assemblée constituante pendant toute sa durée. Il était membre du comité du travail. Il a voté contre le droit au travail, pour la proposition Rateau-Lanjuinais, contre la mise en accusation du ministère du 20 décembre. Il faisait partie du comité électoral des républicains modérés de la réunion de l'Institut. Il vient d'être élu à la Législative un des six secrétaires du bureau.

PYAT (Félix), élu le onzième par 116,185 voix (Voir sa biographie dans le département du Cher, où il a été élu ainsi que dans celui de la Nièvre).

RAPATEL, élu à l'Assemblée législative le vingt-huitième par 107,825 voix. Lieutenant-général, il a servi sous l'empire. Il a été nommé colonel de la deuxième légion de Paris, après le 15 mai, en remplacement de M. Clément Thomas, qui venait d'être nommé général en chef de la garde nationale de la Seine. Le général Rapatel s'est bravement battu dans les journées de juin. Il était porté sur la liste de l'Union électorale.

RATTIER (FRANÇOIS-EDMOND), élu le vingtième à l'Assemblée législative par 110,482 voix. Né à Paris le 30 avril 1822. Entré au service en 1843, il devança l'appel de sa classe et obtint d'être incorporé aux zouaves. Revenu en France à la suite d'une longue maladie causée par l'influence du climat, il partit de nouveau pour l'Afrique et y rejoignit le 48e de ligne. Il était en France avec son régiment, lors de la révolution de février. Lorsqu'il fut porté, comme candidat par le comité électoral républicain démocrate-socialiste, il était au dépôt près de Reims. C'est un des plus jeunes représentants de l'Assemblée législative. Il faisait partie du bureau provisoire, et il a déjà prononcé un discours dans lequel il a signalé des irrégularités dans le vote de l'armée.

ROGER (du Nord), élu à la Législative le vingt-cinquième par 107,809 voix (Voir sa biographie au département du Nord où il a également été élu par 85,696 voix).

VAVIN, élu à la Constituante par 151,003 voix, réélu le douzième par 115,013 voix. Né en 1792. Ancien notaire, ancien député du onzième arrondissement de Paris. Il a toujours voté avec l'opposition de gauche. Il a pris part au mouvement réformiste de 1847. Il a toujours parlé lorsqu'il s'agissait de la Pologne, pour laquelle il est animé des plus vives sympathies. Après la révolution de février, il fut chargé par le gouvernement provisoire de l'immense liquidation de l'ancienne liste civile. Il n'accepta cette fonction de confiance qu'à la condition qu'elle serait gratuite. A la Constituante, il était membre du comité des affaires étrangères. Il a constamment voté avec les républicains modérés de la réunion de l'Institut dont il faisait partie.

WOLOWSKI, élu à la Constituante par 132,353 voix, réélu le dix-neuvième par 110,636. Né à Varsovie vers 1808. Il vint en France après la malheureuse guerre d'indépendance que la Pologne soutint en 1831 contre la Russie. Professeur au Conservatoire national des Arts et Métiers. Un des économistes les plus distingués de l'École du libre échange. Il a pris plusieurs fois la parole à l'Assemblée constituante. Il était membre du comité du travail. Il a voté contre le droit au travail, pour la proposition Râteau-Lanjuinais, contre la mise en accusation du ministère du 20 décembre, et généralement avec le parti républicain modéré de la réunion de l'Institut.

SEINE-INFÉR. — 16 REPRÉSENTANTS.

Ce département avait nommé 19 représentants à la Constituante ; 9 ont été réélus, — 7 nouveaux. — Non réélus : MM. Bautier, Dargent, Girard, Lebreton, Lefort-Gonssolin, Morlot, Osmont, Randoing, Sénard. — Électeurs inscrits, 216,302 ; votants, 146,223.

ANCEL, élu le dixième à l'Assemblée législative par 88,726 voix. Il était porté sur la liste du parti modéré, qui a passé tout entière dans le département de la Seine-Inférieure.

AUBERMESNIL (d'), élu le quinzième à l'Assemblée législative par 80,211 voix. Il était porté sur la liste des candidats du parti modéré.

CÉCILLE, élu à la Constituante par 130,870 voix, réélu le deuxième par 108,251 voix. Né en 1797. Contre-amiral, commandeur de la Légion d'honneur. Jusqu'à la Constituante, ses voyages lointains et continuels l'ont empêché de s'occuper de politique. A l'Assemblée, il a fait partie du comité de la marine. Il a voté contre le droit au travail, pour les deux Chambres, pour le vote à la commune, pour la proposition Rateau, pour la suppression des clubs, contre la mise en accusation du ministère du 20 décembre. Il appartenait à la nuance des représentants qui se réunissaient rue de Poitiers. Après l'élection du 10 décembre, il a été nommé ambassadeur en Angleterre, en remplacement de M. Gustave de Beaumont, qui avait donné sa démission.

CHASSELOUP-LAUBAT, élu le quatorzième à l'Assemblée législative par 83,627 voix. Lieutenant général. Il était porté sur la liste des candidats du parti modéré.

DESJOBERT, élu à la Constituante par 142,867 voix, réélu le premier par 108,510 voix. Né en 1796. Ancien député; depuis 1833, il a toujours voté avec l'opposition de gauche. Il s'est rendu célèbre par ses attaques persévérantes contre l'Algérie. A la Constituante, il a voté contre le droit au travail, pour les deux Chambres, pour le vote à la commune, pour la proposition Rateau, contre la diminution de l'impôt du sel, pour la suppression des clubs, contre la mise en accusation du ministère du 20 décembre. Il était membre du comité des finances.

DESMAREST (ARMAND-LOUIS), élu à la Constituante par 103,791 voix, réélu le neuvième par 87,963 voix. Né en 1817. Manufacturier. Il était directeur de filature à Deville-lès-Rouen. A la Constituante il faisait partie du comité du travail. Il a voté contre le droit au travail, pour les deux Chambres, pour le vote à la commune, pour la proposition Rateau, pour la suppression des clubs, contre la mise en accusation du ministère du 20 décembre. Il appartenait à la nuance des représentants qui se réunissaient rue de Poitiers.

DUPIN (CHARLES), élu à la Constituante par 45,000 voix, réélu le septième par 92,702 voix. Né le 6 octobre 1784 à Varzy (Nièvre). Ancien élève de l'École polytechnique, où il fut admis le premier. En 1803, il entra dans la marine. En 1818 il devint membre de l'Académie des sciences, et l'année suivante professeur de mécanique au Conservatoire des Arts et Métiers. Nommé député en 1828, il vota avec les 221. En 1834 il fit partie du ministère des *trois jours*, avec le portefeuille de la marine. En 1837 il fut nommé pair de France, et il siégea dans l'opposition modérée. A la Constituante, il était président du comité de la marine. Il a voté contre le droit au travail, pour les deux Chambres, pour la proposition Rateau, pour la suppression des clubs, contre la mise en accusation du ministère du 20 décembre.

ESTANCELIN, élu le douzième à l'Assemblée législative par 86,685 voix. Jeune homme de vingt-six à vingt-sept ans. Il était porté sur la liste des candidats modérés. Il appartient au parti conservateur. A l'Assemblée il fait partie du bureau comme secrétaire d'âge. Le 30 mai, il a parlé pour appuyer M. Kératry dans son débat avec M. Ledru-Rollin.

GERMONIÈRE, élu à la Constituante par 128,752 voix, réélu le quatrième par 93,442 voix. Né à Tours en 1812. Il fut reçu avocat à Paris, mais son beau-frère le décida à venir s'adjoindre à lui comme associé dans la filature de Vael. En 1847, il assista au banquet réformiste de Rouen, et y prononça un discours chaleureux. Il était membre du comité du commerce. A la Constituante, il a voté contre le droit au travail, pour les deux Chambres, pour le vote à la commune, pour la proposition Rateau-Lanjuinais, pour la suppression des clubs, contre la mise en accusation du ministère du 20 décembre. Il appartenait à la nuance des représentants qui se réunissaient rue de Poitiers.

GRANDIN (VICTOR), élu à la Constituante par 130,004, réélu le troisième par 94,042 voix. Né le 21 décembre 1797. Membre du conseil général des manufactures, du conseil général de son département, ancien député. Sous la monarchie, il appartenait à l'opposition du centre gauche. Ennemi des abus de toute espèce, il a poursuivi spécialement ceux des compagnies de chemins de fer. A la Constituante il était membre du comité du commerce et de l'industrie. Il a voté contre le droit au travail, pour les deux Chambres, pour la proposition Rateau-Lanjuinais, pour la suppression des clubs, contre la mise en accusation du ministère du 20 décembre. Il a pris souvent la parole pour attaquer les doctrines du socialisme.

LEVAVASSEUR (CHARLES), élu à la Constituante par 135,000 voix, réélu le cinquième par 93,166 voix. Né à Rouen en 1802. Négociant-armateur. Élu député en 1842, il votait avec l'opposition du centre gauche. Il a pris part au mouvement réformiste de 1847, et il a assisté au banquet de Rouen. A la Constituante, il était membre du comité de l'Algérie. Il a voté contre le droit au travail, pour les deux Chambres et le vote à la commune, pour la proposition Rateau, contre la mise en accusation du ministère du 20 décembre, pour la suppression des clubs. Il appartenait à la nuance des représentants qui se réunissaient rue de Poitiers.

LOYER, élu à la Constituante par 49,233 voix, réélu le sixième par 92,708 voix. Né à Versailles en 1808. En 1827 il était reçu docteur en droit et pendant huit ans il exerça à Rouen la profession d'avocat. Plus tard il devint directeur d'une filature, puis juge au tribunal de commerce de Rouen et membre du conseil municipal. A la Constituante, il faisait partie du comité du commerce et de l'industrie. Il a voté contre le droit au travail, contre les deux Chambres, contre le vote à la commune, pour la proposition Rateau-Lanjuinais, pour la suppression des clubs. Il appartenait à la nuance des républicains modérés qui se réunissaient au Palais de l'Institut.

MARTIN DE VILLERS, élu le treizième à l'Assemblée législative par 85,830 voix. Il était porté sur la liste des candidats du parti modéré.

MORTEMART (DE), élu le onzième à l'Assemblée législative par 88,222 voix. Il était candidat du parti modéré.

THIERS (LOUIS-ADOLPHE), élu à la Constituante par 4 départements, réélu le huitième par 91,248 voix. Né en 1797 à Marseille. Homme de lettres, ancien député, ancien ministre. Il fut reçu avocat en 1820. En 1823 il vint à Paris, écrivit dans le *Constitutionnel*, puis dans le *National*. Il s'occupa alors d'écrire l'*Histoire de la Révolution française.* En 1830 M. Thiers fut un des rédacteurs de la protestation que les journalistes signèrent le 26 juillet.

La vie politique de M. Thiers est trop connue depuis 1830, pour qu'il soit nécessaire d'en rappeler ici les principaux actes.

A la Constituante il était membre du comité des finances. C'est lui qui fut chargé du rapport contre la proposition de M. Proudhon qui fut repoussée à l'unanimité, moins le citoyen Greppo. Il a aussi vivement combattu le projet de M. Lamoricière qui supprimat le remplacement militaire. Il faisait partie de la réunion de la rue de Poitiers, et il était un des quinze membres de son comité électoral.

VITET, élu le seizième à l'Assemblée législative par 71,085 voix. Homme de lettres, membre de l'Académie française, ancien député. Depuis 1830, M. Vitet a été successivement inspecteur des monuments historiques, maître des requêtes, secrétaire général du ministère du commerce, conseiller d'État en service extraordinaire, un des vice-présidents du conseil d'État. Nommé député en 1838, il a constamment voté en faveur des divers ministères et particulièrement du ministère Guizot.

SEINE-ET-MARNE. — 7 REPRÉSENT.

Ce département avait nommé 9 représentants à la Constituante ; 5 ont été réélus, — 2 nouveaux. — Non réélus : MM. Aubergé, Jules Bastide, Georges Lafayette, Portalis.

BAVOUX (ÉVARISTE), élu à la Constituante par 17,603 voix, réélu le quatrième par 35,949 voix. Né à Paris le 5 octobre 1809. Avocat, homme de lettres. A la Constituante, il était membre du comité de l'intérieur. Il a voté contre le droit au travail, pour les deux Chambres, contre le vote à la commune, pour la proposition Rateau-Lanjuinais, pour la suppression des clubs, contre la mise en accusation du ministère du 20 décembre. Il appartenait à la nuance des représentants qui se réunissaient rue de Poitiers.

CHAPPON (PIERRE-JACQUES), élu à la Constituante par 27,115 voix, réélu le cinquième à la Législative par 31,963 voix. Né à Meaux en 1788. Ancien négociant. En 1815 il organisa la résistance contre les alliés et fut obligé de s'exiler sous la restauration jusqu'en 1823. Il était président du tribunal de commerce de sa ville natale. A la Constituante il était membre du comité du commerce. Il a voté contre le droit au travail, pour les deux Chambres, contre le vote à la commune, pour la proposition Rateau-Lanjuinais et pour la suppression des clubs.

Nous apprenons la mort de M. Chappon au moment où nous mettons sous presse.

DROUIN-DE-LHUYS, élu à la Constituante par 41,314 voix, réélu le deuxième par 38,952 voix. Né en 1802. Ancien secrétaire d'ambassade, ancien directeur des affaires commerciales au ministère des affaires étrangères. Élu député en 1842 en remplacement de M. de Praslin, nommé pair de France, il fut destitué de ses fonctions par M. Guizot. Il appartenait au centre gauche. A la Constituante, il était membre du comité des affaires étrangères. Il a voté contre le droit au travail, pour les deux Chambres, pour le vote à la commune, pour la proposition Rateau-Lanjuinais, pour la suppression des clubs. Après le 10 décembre, il a été nommé ministre des affaires étrangères, et c'est lui qui a rédigé les instructions données au général Oudinot pour l'expédition de Civita-Vecchia. Le 2 juin, son ministère a été confié à M. de Tocqueville.

GILLAND, élu le sixième à l'Assemblée législative par 26,608 voix. Ouvrier serrurier. Il est le seul des candidats de la liste des républicains démocrates-socialistes qui ait été élu dans le département de Seine-et-Marne.

LAFAYETTE (OSCAR), élu à la Constituante par 43,652 voix, réélu le septième par 26,400 voix. Né à Paris en 1816. Petit-fils du général Lafayette. Ancien élève de l'École polytechnique, M. Oscar Lafayette, à sa sortie de l'École d'application de Metz, entra dans l'artillerie. Il alla combattre en Afrique où il a été nommé capitaine et chevalier de la Légion d'honneur. Député avant février, il appartenait à l'opposition de gauche, et il n'hésita pas à se prononcer pour la réforme électorale ; il assista au banquet d'Annezin où il fit un chaleureux discours. Après la révolution, il fut nommé par M. Ledru-Rollin, commissaire du gouvernement provisoire dans le département de Seine-et-Marne. A la Constituante, il était membre et secrétaire du comité de la guerre. Il a voté contre le droit au travail, pour les deux Chambres, contre le vote à la commune, pour la proposition Rateau, contre la suppression des clubs. Depuis l'élection du 10 décembre, il a presque constamment voté contre le ministère.

LASTEYRIE (JULES DE), élu à la Constituante par 68,962 voix, réélu le premier par 40,625 voix. Né en 1810. Petit-fils du général Lafayette et beau-frère de M. de Rémusat. Il a servi Dona Maria, reine de Portugal, et a fait partie de l'expédition qui a détrôné don Miguel. Élu député en 1842 par le collége de la Flèche, il vota constamment avec la gauche. A la Constituante, il était membre du comité des finances. Il a voté contre le droit au travail, pour les deux Chambres, pour le vote à la commune, pour la proposition Rateau, pour la suppression des clubs, et contre la mise en accusation du ministère du 20 décembre. Il appartenait à la nuance des représentants qui se réunissaient dans la rue de Poitiers.

LEBEUF, élu le troisième à l'Assemblée législative par 58,347 voix. Banquier, régent de la Banque de France, né en 1790. Ancien député ministériel sous la dernière dynastie. Il appartient à l'ancien parti conservateur.

SEINE-ET-OISE. — 10 REPRÉSENTANTS.

Ce département avait nommé 12 représentants à la Constituante; 5 ont été réélus, — 5 nouveaux. — Non réélus : MM. Berville, Bezançon, Durand, Landrin, Lécuyer, Lefebvre et Pagnerre. — Electeurs inscrits, 139,436 ; — votants, 96,950.

ALBERT DE LUYNES (D'), élu à la Constituante par 63,441 voix, réélu le premier par 57,299 voix. Né à Chevreuse, en 1804. Duc, propriétaire d'une fortune immense, membre correspondant de l'Institut de France, savant et protecteur zélé des arts et des lettres. Il faisait partie, à l'Assemblée, du comité de l'intérieur dont il était vice-président. Il a voté contre les deux Chambres, et pour le vote à la commune, pour le crédit foncier, pour la proposition Rateau-Lanjuinais, pour la suppression des clubs. Il était partisan très dévoué du général Cavaignac dont il a recommandé la candidature aux électeurs de Seine-et-Oise.

BARRE, élu le neuvième à l'Assemblée législative par 40,335 voix. Riche propriétaire, membre du comice agricole de Seine-et-Oise, il a dirigé avec intelligence et profit une grande exploitation rurale. Dans les diverses réunions d'arrondissement qui ont précédé l'élection du 13 mai, il a vivement attaqué les doctrines socialistes. Il était porté par le parti modéré.

BARTHELÉMY-SAINT-HILAIRE, élu à la Constituante par 45,188 voix, réélu le quatrième par 49,960 voix. Né à Paris, en 1805. Membre de l'Institut, publiciste distingué, professeur de philosophie au collége de France. Il a été élu par ses collègues administrateur de cet établissement. Il est auteur d'une traduction des œuvres complètes d'Aristote. En 1830, il signa la protestation des journalistes et coopéra plus tard à la rédaction du *National*. Après la révolution de février, il fut nommé chef du secrétariat du gouvernement provisoire et reçut, en cette qualité, la plupart des députations qui se présentaient alors chaque jour et en grand nombre à l'Hôtel-de-Ville de Paris. A l'Assemblée nationale, il faisait partie du comité de l'instruction publique, il a été président de la commission chargée de préparer la loi sur l'instruction primaire, puis rapporteur du projet élaboré par cette commission. Il a pris la parole dans plusieurs circonstances graves, notamment dans la séance du 25 novembre 1848, pour répondre au général Cavaignac qui avait provoqué des explications sur sa conduite pendant les journées de juin. Il a voté pour les deux Chambres, et contre le vote à la commune, pour la proposition Rateau-Lanjuinais, pour la suppression des clubs, pour l'ordre du jour en faveur du ministère dans la discussion sur les affaires d'Italie. Il était un des secrétaires de la réunion de l'Institut, et membre du comité électoral de la république modérée.

CHANGARNIER (le général), élu à l'Assemblée législative le deuxième par 55,227 voix (Voir pour sa notice au département des Bouches-du-Rhône, dans lequel il a été élu, ainsi que dans celui de la Somme).

DARBLAY, élu à l'Assemblée législative le huitième par 42,090 voix. Ancien député, il était, sous la dynastie déchue, un des partisans de la politique du ministère Guizot-Duchâtel. Cependant il s'est abstenu dans la question de l'indemnité Pritchard, et dans les derniers temps il était classé parmi les conservateurs progressifs. Très riche propriétaire, négociant en grains. Il est président du comice agricole de Seine-et-Oise.

FLANDIN, élu à la Constituante par 34,687 voix ; réélu le cinquième par 46,470 voix. Né à Paris le 6 mai 1804. Avocat. Nommé, après la révolution de février, avocat-général près la Cour d'appel de Paris, il se démit de cette position pour cause d'incompatibilité avec le mandat de représentant du peuple. Il faisait partie, à l'Assemblée, du comité d'agriculture et du crédit foncier. Il a voté contre les deux Chambres et le vote à la commune, contre la suppression du remplacement militaire, pour la proposition Rateau-Lanjuinais, pour la suppression des clubs. Il a été rapporteur du projet de loi présenté par le comité du crédit foncier, projet qui a été si vivement combattu par M. Thiers. Il était très dévoué au général Cavaignac.

HERNOUX, élu le dixième par 37,360 voix. Contre-amiral, ancien aide-de-camp du prince de Joinville, ancien député. Il était particulièrement dévoué à la dernière dynastie et s'est montré, dans le cours de sa carrière parlementaire, un des partisans les plus zélés de la politique du cabinet Guizot.

LEPELLETIER-D'AULNAY, élu le septième par 45,395 voix. Baron, ancien député de l'arrondissement de Rambouillet ; il n'avait pas à la Chambre une couleur politique bien tranchée. Soutien du ministère dans la plupart de ses actes, il a cependant voté en faveur de la proposition relative aux députés fonctionnaires ; il s'est abstenu dans la question de l'indemnité Pritchard. Il a été vice-président de la Chambre, et ses connaissances financières, qui sont très étendues, l'avaient fait nommer presque constamment de la commission du budget.

PIGEON, élu à la Constituante par 75,290 voix, réélu le sixième par 46,205 voix. Né à Palaiseau, le 18 juillet 1816. Ancien élève de l'Ecole polytechnique. Etranger aux luttes politiques jusqu'à la révolution de février, il a fait partie, à l'Assemblée, du comité de l'agriculture et du crédit foncier. Il a voté contre les deux Chambres et pour le vote à la commune, pour le crédit foncier, contre la suppression du remplacement militaire, pour la proposition Rateau-Lanjuinais et contre la réduction de l'impôt du sel.

RÉMILLY (Ovide), élu à la Constituante par 52,168 voix, réélu le troisième par 51,535 voix. Né à Versailles en 1800. Fils d'un marchand de cuirs; avocat; rédacteur d'un journal patriote de Seine-et-Oise, après la révolution de juillet. Il fut nommé, depuis, membre du conseil municipal, adjoint, puis maire, et reçut la décoration de la Légion d'honneur. Élu député en 1837, il fut le premier qui présenta une proposition sur les incompatibilités. Il vota contre l'indemnité Pritchard et se sépara de la politique du ministère Guizot, dans la dernière session de l'ancienne Chambre. Il était l'auteur de la proposition d'un impôt sur les chiens. A l'Assemblée nationale, il faisait partie du comité de l'administration départementale et communale. Il a voté pour les deux Chambres et le vote à la commune, pour le crédit foncier, contre la suppression du remplacement militaire, pour la proposition Rateau-Lanjuinais, pour la suppression des clubs.

SÈVRES (DEUX-). — 7 REPRÉSENT.

Ce département avait nommé 8 représentants à la Constituante. — 7 nouveaux. — Non réélus : MM. Baugier, Blot, Boussi, Charles aîné, Chevallon, Demarçay, Maichain, Richard. — Électeurs inscrits, 93,149 ; — votants, 56,861.

AIMÉ (Charles), élu le premier par 26,030 voix. Capitaine d'état-major, ancien officier d'ordonnance de Louis-Philippe. Il était porté sur la liste des candidats du parti conservateur.

BOUCHET DE GRANDMAY, élu à l'Assemblée législative le deuxième par 25,997 voix. Porté sur la liste des légitimistes, il a été appuyé aussi par le parti bonapartiste et par les anciens conservateurs. C'est un ancien officier de l'empire qui a servi sous la restauration dans les gardes-du-corps.

DAVID (FERDINAND), élu le quatrième à l'Assemblée législative par 22,711 voix. Ancien député sous le gouvernement renversé par la révolution de février. Nommé en 1842 par le collège de Niort en remplacement de M. Michel (de Bourges), il a voté très souvent avec le ministère. Mais ses opinions n'étaient pas très prononcées. Né à Niort, il a longtemps exercé la médecine à Bordeaux. Il était conservateur.

FAILLY, élu à l'Assemblée législative le troisième par 23,612 voix. Candidat du parti modéré, il doit son élection aux efforts réunis du parti bonapartiste, des anciens conservateurs et du parti légitimiste.

GOURGAUD, élu le sixième à l'Assemblée législative par 19,911 voix. Né à Versailles le 14 septembre 1783. Lieutenant-général, ancien officier d'ordonnance et aide-de-camp de Napoléon, commandant de la Légion d'honneur. Il entrait, à quinze ans, à l'École polytechnique, d'où il passa à celle de Châlons. A sa sortie comme lieutenant, il fut adjoint au professeur de fortifications à l'École d'artillerie de Metz. En 1801, il entra dans le service actif; il se signala dans toutes les guerres de l'empire comme officier de mérite. En 1815, il fut chargé par Napoléon d'aller porter sa lettre au gouvernement britannique. Il accompagna l'empereur à l'île Sainte-

Hélène, et après un séjour de trois ans, il revint en Europe. Sous le gouvernement de Louis-Philippe, il a été nommé pair de France et aide-de-camp du roi. Il a voté constamment en faveur des divers ministères de la dernière monarchie.

LESCOURS (DE), élu à l'Assemblée le cinquième par 21,529 voix. Il figurait parmi les candidats de la liste du parti légitimiste.

ROUGET-LAFOSSE (CHARLES), élu à l'Assemblée législative le septième par 19,611 voix. Il avait été compris parmi les candidats de la liste du parti légitimiste. Le clergé a vivement appuyé son élection. C'est un ancien avocat. Catholique sincère, il veut la liberté de l'enseignement.

SOMME. — 12 REPRÉSENTANTS.

Ce département avait nommé 14 représentants à la Constituante ; 8 ont été réélus, — 4 nouveaux. — Non réélus : MM. Allart, Blin de Bourdon, Delâtre, Gaultier de Rumilly, Magniez et Tillette de Clermont. — Électeurs inscrits, 169,321.

BEAUMONT (DE), élu à la Constituante par 58,453 voix, réélu le premier par 88,582 voix. Né en 1793. Ancien capitaine de hussards, propriétaire, membre du conseil général de l'agriculture et du conseil général de la Somme. Ancien député de la gauche, il a toujours voté avec elle. L'agriculture n'a pas de défenseur plus éclairé ; il ne laisse échapper aucune occasion de plaider la cause de ce grand intérêt national. Il a pris part au mouvement réformiste avant la révolution et il a assisté à plusieurs banquets. Il faisait partie, à l'Assemblée, du comité de l'agriculture. Il a voté pour les deux Chambres et le vote à la commune, pour le crédit foncier, pour la proposition Rateau-Lanjuinais, pour la suppression des clubs, et pour l'ordre du jour en faveur du ministère dans la discussion sur les affaires d'Italie. Il a sincèrement accepté la république et il défendra toujours avec dévouement les intérêts et les libertés du pays.

CHANGARNIER, élu le quatrième par 85,490 voix (Voir, pour sa notice, au département des Bouches-du-Rhône où il a été également élu, ainsi que dans le département de Seine-et-Oise).

CRÉTON, élu à la Constituante par 137,995 voix, réélu le deuxième par 88,107 voix. Né à Amiens en 1794. Avocat, ancien député du centre gauche. Il a pris souvent la parole à l'Assemblée nationale, où il faisait partie du comité de la justice en qualité de secrétaire. Il a voté pour les deux Chambres et le vote à la commune, contre la suppression du remplacement militaire, pour la proposition Rateau-Lanjuinais, pour la suppression des clubs, et pour l'ordre du jour en faveur du ministère dans la discussion sur les affaires d'Italie. Il a pris plusieurs fois la parole dans les discussions relatives aux comptes financiers du gouvernement provisoire.

DEFOURMENT, élu à la Constituante par 105,269 voix, réélu le sixième par 84,255 voix. Né en 1790 à Roy (Ardennes). Fils d'un riche propriétaire de la Somme, il fut d'abord sous-préfet à Rhetel, puis il abandonna l'administration pour fonder, à l'abbaye de Cercant-lès-Frévant, une immense manufacture de tissage de laines. Il était, à l'Assemblée, membre du comité du travail. Il a voté pour les deux Chambres et le vote à la commune, contre le décret qui fixait à dix les lois organiques, pour la suppression des clubs, pour l'ordre du jour en faveur du ministère dans la discussion sur les affaires d'Italie, et contre la proposition d'amnistie présentée à l'Assemblée nationale, dans sa séance de clôture.

DOMPIERRE D'HORMOY, élu le septième par 76,312 voix. Sa candidature a été soutenue par le parti des anciens conservateurs et par les légitimistes.

DUBOIS (AMABLE), élu à la Constituante par 84,919 voix, réélu le onzième par 59,390 voix. Né à Amiens en 1790. Médecin, puis agriculteur, ancien député de la gauche. A l'Assemblée nationale, il faisait partie du comité du travail. Ce fut lui qui fit la proposition de régler définitivement les attributions de la commission exécutive. Il a voté contre le vote à la commune, pour le crédit foncier, pour la proposition Rateau-Lanjuinais, pour la suppression des clubs, pour l'ordre du jour en faveur du ministère dans la discussion sur les affaires d'Italie, et contre la proposition d'amnistie présentée dans la séance de clôture de l'Assemblée constituante.

LABORDÈRE, élu à la Constituante par 83,326 voix, réélu le cinquième par 85,414 voix. Né à Villeneuve d'Agen en 1798. Président du tribunal civil d'Amiens. Il faisait partie, à l'Assemblée, du comité de législation. Il a voté pour les deux Chambres et le vote à la commune, contre la suppression du remplacement militaire, contre le décret qui fixait à dix les lois organiques, contre la réduction de l'impôt du sel et pour l'ordre du jour en faveur du ministère dans la discussion sur les affaires d'Italie. Il faisait partie de la réunion de la rue de Poitiers.

LAGRENÉE (DE), élu à l'Assemblée législative le neuvième par 74,395 voix. Sous le gouvernement de la dynastie d'Orléans, il a été chargé par M. Guizot d'une ambassade extraordinaire en Chine, et, depuis l'élection du 10 décembre, il a été nommé, par M. Drouin de Lhuys, représentant de la république française aux conférences qui devaient avoir lieu à Bruxelles pour la médiation des affaires d'Italie. Avant la révolution de février, il appartenait au parti conservateur.

LEFEBVRE-DUGROSSIEZ, élu à l'Assemblée législative le huitième par 76,212 voix. Il était porté sur la liste du parti modéré qui, dans ce département, n'est pas très sympathique à la forme républicaine.

MOREL-CORNET, élu à la Constituante par 105,835 voix, réélu le dixième par 63,022 voix. Né à Jumel le 10 août 1794. Ancien négociant, ancien adjoint au maire, propriétaire, membre du conseil municipal d'Amiens, vice-président de la chambre de commerce et président du tribunal de commerce de cette ville; inspecteur du travail des enfants dans les manufactures. Il était, à l'Assemblée, membre du comité du commerce et de l'industrie. Il a voté pour les deux Chambres et contre le vote à la commune, pour la proposition Rateau-Lanjuinais, pour la suppression des clubs, pour l'ordre du jour en faveur du ministère dans la discussion sur les affaires d'Italie, et contre la proposition d'amnistie présentée dans la dernière séance de l'Assemblée nationale. Il a donné son approbation à toutes les mesures soutenues par la réunion de la rue de Poitiers.

PORION, élu à la Constituante par 136,677 voix, réélu le troisième par 86,421 voix. Né à Amiens le 1er août 1805. Adjoint à la mairie d'Amiens, il fut, à la révolution de février 1848, nommé président de la commission municipale provisoire et enfin maire de cette ville. Il a voté contre la suppression de l'indemnité au commandant des gardes nationales de la Seine, et pour l'ordre du jour en faveur du ministère dans la discussion sur les affaires d'Italie. Il faisait partie de la réunion de la rue de Poitiers, et il a constamment appuyé la politique du gouvernement depuis l'élection du 10 décembre.

RANDOING (JEAN-BAPTISTE), élu à la Constituante par 110,059 voix, réélu le douzième par 48,744 voix. Né à Cusset (Allier) le 22 avril 1798. Manufacturier, commandant de la garde nationale d'Abbeville, président du tribunal et de la chambre de commerce, membre du conseil général de la Somme et du conseil général des manufactures et du commerce. L'établissement qu'il dirige fut créé par Colbert en 1665. Il a voté pour l'ordre du jour en faveur du ministère dans la discussion sur les affaires d'Italie, contre la proposition d'amnistie présentée à la Constituante dans sa dernière séance, et généralement avec les représentants de la réunion de la rue de Poitiers.

TARN. — 8 REPRÉSENTANTS.

Ce département avait nommé 9 représentants à la Constituante; 1 a été réélu. — 7 nouveaux. — Non réélus : MM. Boyer, Carayon-Latour, de Marliave, Mouton, de Puységur, de Saint-Victor, de Voisins.

BESSE, élu le sixième par 43,098 voix. Républicain démocrate, sa candidature a été vivement combattue par le parti légitimiste.

CANET, élu le quatrième par 44,563 voix. Il était porté sur la liste des républicains démocrates et socialistes.

D'AGUILHON, élu le troisième par 44,765 voix. Le parti modéré qui, dans ce département, se composait presque entièrement de légitimistes, n'a pu faire passer aucun de ses candidats. M. D'Aguilhon était porté par les républicains et par les démocrates-socialistes.

FOURGASSIÉ-VIDAL, élu à l'Assemblée législative le cinquième par 44,550 voix. Il était candidat du parti républicain et des démocrates-socialistes.

JUÉRY, élu à l'Assemblée législative le septième par 42,489 voix. La liste des républicains modérés qui, dans ce département, se sont mis d'accord avec les démocrates-socialistes, portait M. Juéry dont nous ne connaissons pas bien la nuance républicaine.

LAVERGNE, élu à l'Assemblée législative le huitième par 41,496 voix. Candidat des républicains de diverses nuances. Son élection a été vivement combattue par le parti légitimiste qui était encore tout-puissant dans ce département, il y a quelques mois, mais dont les prétentions exclusives ont détruit l'influence.

REY (PHILIPPE), élu à la Constituante par 40,908 voix, réélu le premier par 53,610 voix. Né à La Bastide, le 9 juillet 1793. Elève de l'École de Saint-Cyr, sous-lieutenant en 1812, adjudant-major à la fin de 1813, licencié après le désastre de Waterloo, chef de bataillon en 1830, colonel du 60e de ligne en 1844, nommé général depuis l'avènement de la république. Il était, à l'Assemblée, membre du comité de la guerre. Il a voté pour le droit au travail, pour l'amendement Grévy dans la question de la présidence, pour la réduction de l'impôt du sel, pour la suppression des clubs, pour la suppression de l'indemnité au commandant des gardes nationales de la Seine, et en général avec les représentants de la réunion du Palais-National. Il a franchement accepté la république.

RIGAL, élu le deuxième par 44,824 voix. Son opposition très déclarée au parti légitimiste l'a fait porter en tête de la liste des républicains et des démocrates-socialistes.

TARN-ET-GARONNE. — 5 REPRÉS.

Ce département avait nommé 6 représentants à la Constituante; 3 ont été réélus, — 2 nouveaux. — Non réélus : MM. Faure-Dère, Malleville et Rous. — Électeurs inscrits, 75 233.

CAZALÈS (EDMOND DE), élu à la Constituante par 22,674 voix, réélu le deuxième par 21,711 voix. Né le 31 août 1804 à Grenade-sur-Garonne. Fils du célèbre Cazalès de l'Assemblée constituante de 1789; juge-auditeur à Provins de 1827 à 1829; rédacteur actif du *Correspondant* et de la *Revue européenne*; professeur à l'université catholique de Louvain (Belgique), de 1835 à 1837; ordonné prêtre en 1843; aujourd'hui vicaire général, et supérieur du grand séminaire de Montauban. Il faisait partie, à l'Assemblée, du comité de l'instruction publique. Il a voté pour le vote à la commune, contre la suppression du remplacement militaire, pour la proposition Rateau-Lanjuinais, pour la suppression des clubs, pour l'ordre du jour en faveur du ministère dans la discussion sur les affaires d'Italie, et contre la proposition d'amnistie présentée dans la séance de clôture de l'Assemblée nationale. Il appartenait à la réunion de la rue de Poitiers.

DELBREL (ANDRÉ-MICHEL), élu à la Constituante par 19,988 voix, réélu le quatrième par 20,209 voix. Né à Moissac en 1802. Fils de Pierre Delbrel, le conventionnel; médecin. Il était, à l'Assemblée, membre du comité des cultes. Il a voté contre les deux Chambres et contre le vote à la commune, contre la suppression du remplacement militaire, pour la proposition Rateau-Lanjuinais, contre la suppression des clubs, contre le ministère dans la discussion sur les affaires d'Italie, et pour la suppression de l'indemnité au commandant des gardes nationales de la Seine. Il appartenait à la nuance des représentants qui se réunissaient au Palais-National ; il a constamment voté contre le ministère du 20 décembre.

DETOURS (HIPPOLYTE), élu à la Constituante par 23,932 voix, (réélu le cinquième par 19,720 voix. Né à Moissac en 1800. Substitut du procureur du roi en 1830 ; démissionnaire pour ne point prêter serment à la nouvelle dynastie ; il professait alors des opinions légitimistes ; il défendit, en 1841, comme avocat, les accusés de Toulouse. Ce fut lui qui plaida, à Cahors, pour Me Gras, avocat, frappé en pleine audience par M. Bourdouskié, ingénieur. A l'Assemblée, il faisait partie du comité de la justice. Il a voté pour le droit au travail, pour l'amendement Grévy, dans la question de la présidence, pour le crédit foncier, pour la suppression du remplacement militaire, contre la suppression des clubs, pour la suppression de l'indemnité au commandant des gardes nationales de la Seine, et généralement en faveur de toutes les propositions soutenues par la Montagne. Dans la séance du 17 juin 1848, il a été rappelé deux fois à l'ordre pour avoir dit qu'il avait promis à ses électeurs la suppression et la restitution des 45 centimes.

JANVIER, élu le premier par 23,303 voix. Né en 1799. Ancien conseiller d'Etat ; ancien député de Montauban. Sous la dernière dynastie il prêta constamment son appui au ministère de M. Guizot, à la personne duquel il était particulièrement dévoué. Bien qu'il fût un des plus zélés adeptes du parti conservateur, M. Janvier avait été conservé au conseil d'Etat par le gouvernement provisoire, qui savait que, dans beaucoup de circonstances, il avait employé son influence près du ministre en faveur des détenus politiques du parti républicain.

TOURNIER (CONSTANT), élu le troisième par 21,553 voix. Avocat à Montauban. Agé de soixante ans environ. Membre du conseil général de Tarn-et-Garonne depuis plusieurs années; il était président de la commission municipale de Montauban, après le 24 février. Procureur du roi, en 1830, il fut destitué, en 1834, pour ses opinions libérales. Il appartient à la religion protestante. Républicain démocrate très prononcé, il est anti-socialiste.

VAR. — 7 REPRÉSENTANTS.

Ce département avait nommé 9 représentants à la Constituante; 2 ont été réélus, — 5 nouveaux. — Non réélus : MM. Alleman, André (Marius), Baune, Casy, Guignes, Maurel et Philibert. — Électeurs inscrits, 101,516.

ARÈNE, élu à la Constituante par 24,392 voix, réélu le premier par 29,318 voix. Né en 1798. Ancien avoué. Sous-commissaire du gouvernement provisoire, à Toulon, après la révolution de février. Il était, à l'Assemblée, membre du comité de la justice. Il a voté contre les deux Chambres et pour le vote à la commune, contre la suppression du remplacement militaire, pour la proposition Rateau-Lanjuinais, contre la réduction de l'impôt du sel, pour la suppression des clubs, et pour l'ordre du jour en faveur du ministère dans la discussion sur les affaires d'Italie. C'est un républicain très sincère et très dévoué; il appartenait à la réunion de l'Institut, et il a signé le manifeste électoral de la république modérée.

ARNAUD (CHARLES), élu à la Constituante par

30,704 voix, réélu le deuxième par 28,773 voix. Né à Draguignan en 1798. Confiseur. A l'Assemblée constituante, il faisait partie du comité de l'administration départementale et communale. Il a voté pour le droit au travail, contre la proposition Rateau-Lanjuinais, pour la diminution de l'impôt du sel, contre la suppression des clubs, et presque pour toutes les mesures appuyées par la Montagne. Il était porté sur la liste des républicains démocrates-socialistes.

CONTE, élu à l'Assemblée législative le septième par 26,121 voix. Maire de Grasse. Candidat des démocrates-socialistes, il est loin cependant d'avoir des opinions exagérées. C'est un républicain sincère et modéré.

LEDRU-ROLLIN, élu le troisième par 27,751 voix (Voir, pour sa notice, au département de l'Allier, dans lequel il a été élu, ainsi que dans les départements de l'Hérault, de Saône-et-Loire et de la Seine).

MAURE, élu à l'Assemblée législative le quatrième par 27,542 voix. Docteur-médecin, âgé de soixante ans environ. C'est un ancien député conservateur. Il était porté sur la liste des candidats modérés.

SUCHET, élu à l'Assemblée législative le cinquième par 36,981 voix. Commissionnaire en marchandises. Ex-maire de Toulon. Républicain démocrate et socialiste. Il était porté sur la liste des candidats de la Montagne.

VILLENEUVE DE BARGEMONT (DE), élu le sixième par 26,275 voix. Ancien capitaine de vaisseau. Sous la monarchie de la branche cadette, il appartenait au parti légitimiste qui a vivement soutenu sa candidature.

VAUCLUSE. — 5 REPRÉSENTANTS.

Ce département avait envoyé 6 représentants à la Constituante ; 1 a été réélu, — 4 nouveaux. — Non réélus : MM. Gent, De Laboissière, Pin (Elzéar), Eug. Raspail et Reynaud-Lagardette. — Électeurs inscrits, 78,705 ; votants, 58,830.

BERNARDI (DE), élu à l'Assemblée législative le quatrième par 28,825 voix. Ancien député de Carpentras. Il avait été nommé, après 1842, par l'opposition libérale et par l'opposition légitimiste. Il fut le seul des députés de Vaucluse qui repoussa l'indemnité Pritchard. Il était porté cette fois sur la liste du parti modéré ; sa candidature a été particulièrement soutenue par les légitimistes.

BOURBOUSSON (THÉOPHILE-EUGÈNE), élu à la Constituante par 21,562 voix, réélu le premier par 32,147 voix. Né à Gigondas le 6 juillet 1811. Membre du conseil général de Vaucluse. Médecin des eaux thermales de Vacqueiras. Il faisait partie, à l'Assemblée, du comité de l'agriculture et du crédit foncier. Il a voté contre les deux Chambres et pour le vote à la commune, contre la suppression du remplacement militaire, pour la proposition Rateau-Lanjuinais, pour la suppression des clubs, pour l'ordre du jour en faveur du ministère dans la discussion sur les affaires d'Italie, et généralement avec la réunion de la rue de Poitiers.

GRANIER, élu à l'Assemblée législative le deuxième par 31,183 voix. Négociant. Maire d'Avignon sous la commission exécutive. Homme très considéré et très aimé. Républicain sincère et modéré.

LÉO DE LABORDE, élu à l'Assemblée législative

le cinquième par 27,442 voix. Légitimiste ardent, sous le gouvernement de la branche cadette ; il était le candidat préféré du parti légitimiste dans le département de Vaucluse. Il s'est battu en duel avec M. Gent, républicain de la Montagne, qui fut grièvement blessé et qui n'a pas été réélu.

OLIVIER (d'), élu à l'Assemblée législative le quatrième par 30,206 voix. Ancien maire d'Avignon. Sous le gouvernement renversé par la révolution de février, il a été plusieurs fois le candidat malheureux du parti légitimiste, dans les élections de Vaucluse.

VENDÉE. — 8 REPRÉSENTANTS.

Ce département avait envoyé 9 représentants à la Constituante ; 7 ont été réélus, — 1 nouveau. — Non réélus : MM. Luneau et Parenteau.

BOUHIER DE L'ÉCLUSE (ROBERT-CONSTANT), élu à la Constituante par 44,572 voix, réélu le cinquième par 40,486 voix. Né aux Sables-d'Olonne, le 8 octobre 1799, d'une ancienne famille de la Bretagne. Substitut du procureur du roi, il donna sa démission en 1830, pour ne pas prêter serment à la nouvelle dynastie. En 1832, il protesta, comme avocat, contre l'état de siége. Il est auteur d'un ouvrage intitulé : *De l'état des prêtres en France*. Il faisait partie du comité des cultes, à l'Assemblée, où il a pris l'initiative d'un projet de décret sur les ateliers nationaux, et d'un projet de création par l'État d'une banque nationale. Il a voté contre les deux Chambres et pour le vote à la commune, pour l'amendement Grévy qui repoussait la création d'un président de la république, pour le crédit foncier, et pour l'ordre du jour en faveur du ministère sur les affaires d'Italie. Il était le candidat du parti légitimiste.

DEFONTAINE (GUY), élu à la Constituante par 44,915 voix, réélu le quatrième par 42,592 voix. Né à la Châtaigneraie en 1797. Juge au tribunal de première instance, il fut remplacé, en 1830, pour avoir refusé de prêter serment à la nouvelle dynastie. Il faisait partie, à l'Assemblée, du comité de l'intérieur. Il a voté pour les deux Chambres et le vote à la commune, contre la suppression du remplacement militaire, pour la proposition Rateau-Lanjuinais, et pour la suppression des clubs. Il a constamment appartenu à l'opinion légitimiste.

DUFOUGERAIS, élu le sixième par 40,293 voix. Il est le seul des représentants de ce département à l'Assemblée législative, qui n'ait pas fait partie de l'Assemblée constituante. Il appartient au parti légitimiste.

GRELIER-DU-FOUGEROUX (ERNEST), élu à la Constituante par 47,032 voix, réélu le deuxième par 44,044 voix. Né au Fougeroux le 4 mai 1804. Fils d'un ancien émigré, propriétaire. Il était, à l'Assemblée, membre du comité des cultes. Il a voté contre la suppression du remplacement militaire, contre le décret qui fixait à dix les lois organiques, pour la suppression des clubs et pour l'ordre du jour en faveur du ministère dans la discussion sur les affaires d'Italie. Il était candidat du parti légitimiste.

LESPINAY (HENRI-VICTOR DE), élu à la Constituante par 50,072 voix, réélu le premier par 46,648 voix. Né à Sainte-Cécile le 26 juillet 1808. Vicaire général du diocèse de Luçon. Il était, à l'Assemblée, membre du comité des cultes. Il a voté pour les deux Chambres et le vote à la commune, contre la suppression du remplacement militaire, pour la proposition Rateau-Lanjuinais, pour la réduction de l'impôt du sel, pour la suppression des clubs, contre la proposition d'amnistie présentée à l'Assemblée nationale, dans sa séance de clôture, et en général avec la réunion de la rue de Poitiers. Il était candidat du parti légitimiste.

MARÉAU (THÉODORE), élu à la Constituante par 45,699 voix, réélu le huitième par 39,902 voix. Né à Chollet (Maine-et-Loire) en 1808. Propriétaire de la filature de lin de Mortagne. Il siégeait, parmi les légitimistes, à l'Assemblée nationale où il faisait partie du comité du commerce et de l'industrie. Il a voté pour les deux Chambres et le vote à la commune, pour le crédit foncier, contre le décret qui fixait à dix les lois organiques, pour la suppression des clubs et contre la proposition d'amnistie présentée à la Constituante dans sa séance de clôture.

ROUILLÉ (ÉMILE), élu à la Constituante par 44,767 voix, réélu le septième par 40,282. Né aux Sables-d'Olonne le 2 juin 1821. Avocat. Il était, à l'Assemblée, membre du comité de l'Algérie et des colonies. Il a voté pour les deux Chambres et le vote à la commune, contre la suppression du remplacement militaire, contre le décret qui fixait à dix les lois organiques, pour la réduction de l'impôt du sel, pour la suppression des clubs, et pour l'ordre du jour en faveur du ministère dans la discussion sur les affaires d'Italie. Il appartient au parti légitimiste.

TINGUY (CHARLES DE), élu à la Constituante par 39,870 voix, réélu le troisième par 45,066 voix. Né à Nantes, en 1795, d'une ancienne famille de Bretagne. Marquis, gendre de M. de Grandville, représentant de la Loire-Inférieure, fondateur du journal *le Publicateur*, à Napoléon-Vendée, sous la dernière dynastie. Il était, à l'Assemblée, membre du comité des cultes. Il a voté pour les deux Chambres et le vote à la commune, contre la suppression du remplacement militaire, pour la proposition Rateau-Lanjuinais, pour la suppression des clubs. Il appartient à l'opinion légitimiste.

VIENNE. — 6 REPRÉSENTANTS.

Ce département avait nommé 8 représentants à la Constituante ; 1 a été réélu, — 5 nouveaux. — Non réélus : MM. Barthélemy, Bérenger, Bonnin, Bourbeau, Drault, Pleignard et Jeudy. — Électeurs inscrits, 87,955.

CHAZEAUD, élu à l'Assemblée législative le cinquième par 25,520 voix. Son élection a été activement soutenue par le parti modéré qui l'avait porté un des premiers sur sa liste.

HENNECART, élu à l'Assemblée législative le troisième par 27,488 voix. Il était porté sur la liste du parti modéré, qui a passé tout entière dans ce département.

JUNYEN, élu à la Constituante par 25,012 voix, réélu par 28,907 voix. Né en 1784. Propriétaire, ancien sous-préfet, ancien député de la gauche, où il siégeait près de Lafayette et de Dupont (de l'Eure). Il faisait partie, à l'Assemblée, du comité de l'Algérie et des colonies. Il a voté contre les deux Chambres et pour le vote à la commune, contre la suppression du remplacement militaire, pour la proposition Rateau-Lanjuinais, pour la suppression des clubs, pour l'ordre du jour en faveur du ministère dans la discussion sur les affaires d'Italie, et contre la proposition d'amnistie présentée dans la dernière séance de la Constituante.

LAURENCEAU, élu à l'Assemblée législative le

quatrième par 25,571 voix. Candidat du parti modéré, son élection est le résultat de l'accord, dans ce département, des anciens conservateurs et des légitimistes.

PERVINQUIÈRE, élu à l'Assemblée législative le sixième par 22,564 voix. Porté sur la liste des candidats des conservateurs et des légitimistes réunis, il a dû son élection au peu d'accord des républicains de toutes les nuances, qui n'ont pu faire passer un seul de leurs candidats dans la Vienne.

PROA, élu le deuxième par 28,120 voix. Nommé député, en 1842, par l'arrondissement de Châtellerault, il votait en faveur du ministère Guizot. Cependant il a refusé l'indemnité Pritchard, et il a donné sa voix à la proposition sur les députés fonctionnaires, par suite, a-t-on dit dans le temps, d'engagements contractés envers ses commettants. Il était alors le concurrent de M. Martinet, candidat de l'opposition.

VIENNE (HAUTE-). — 7 REPRÉSENT.

Ce département avait nommé 8 représentants à la Constituante ; 3 ont été réélus, — 4 nouveaux. — Non réélus : MM. Allègre, Brunet, Dumas, Maurat-Ballange et Tixier. Électeurs inscrits, 81,891 ; votants, 55,464.

BAC (THÉODORE), élu à la Constituante par 38,776 voix, réélu le deuxième par 36,609 voix (Voir sa notice au département de la Seine dans lequel il a été également élu).

CORALLI, élu à la Constituante par environ 24,000 voix, réélu le premier par 57,802 voix. Né à Limoges en 1799. Avocat. Ancien député de l'extrême gauche, avocat de madame Léotaud dans le procès Lafarge, chef de bataillon de la 2ᵉ légion de la garde nationale de Paris, décoré pour sa conduite courageuse dans les événements de juin. Il faisait partie, à l'Assemblée, du comité de législation. Il a voté pour le droit au travail, pour l'amendement Grévy contre l'institution d'un président de la république, pour le crédit foncier, contre la suppression du remplacement militaire et contre la proposition Rateau-Lanjuinais. Il appartenait à la réunion du Palais-National. Il a été porté sur la liste des républicains démocrates-socialistes.

DANIEL-LAMAZIÈRE, élu à l'Assemblée législative le septième par 30,125 voix. Il était porté sur la liste des candidats républicains démocrates-socialistes qui a passé tout entière dans ce département.

DUSSOUBS (GASTON), élu le quatrième par 35,520 voix. Négociant. Président de la société populaire à Limoges, condamné en 1832 ou 1833 pour détention d'armes de guerre, impliqué dans le dernier procès des troubles qui ont eu lieu à Limoges, à l'occasion des élections d'avril 1848; il a été acquitté, son frère a été condamné. C'est un partisan ardent des doctrines socialistes.

FRICHON, élu à la Constituante par environ 60,000 voix, réélu le troisième par 36,114 voix. Né en 1801 à Magnac-Laval. Avocat à Limoges. Il faisait partie, à l'Assemblée, du comité de l'intérieur. Il a voté pour le droit au travail, pour le crédit foncier, pour le décret qui fixait à dix les lois organiques, et pour la réduction de l'impôt sur le sel. Il appartenait à la réunion du Palais-National, et il a appuyé, depuis le 10 décembre, presque toutes les mesures proposées par la Montagne.

LACLAUDURE, élu à l'Assemblée législative le sixième par 33,498 voix. Avocat à Bellac. Républicaïn passionné, porté par les démocrates et les socialistes. Il a déjà pris la parole dans l'Assemblée, pour demander qu'on retranche de ses délibérations la lecture du procès-verbal, ou qu'on le lise sérieusement.

MICHEL (DE BOURGES), élu à l'Assemblée législative le cinquième par 34,396 voix (Voir sa notice au département du Cher, dans lequel il a été également élu).

VOSGES. — 9 REPRÉSENTANTS.

Ce département avait nommé 11 représentants à la Constituante : 4 ont été réélus, — 5 nouveaux. — Non réélus : MM. Boulay de la Meurthe, Braux, Doublat, Falatieu, Hingray, Najean et Turck.

AUBRY, élu à l'Assemblée législative le huitième par 20,707 voix. Le parti modéré s'était divisé sur sa candidature, et il n'a été élu qu'à une très faible majorité relative.

BUFFET (LOUIS), élu à la Constituante par 73,761 voix, réélu le premier par 43,442 voix. Né à Mirecourt en 1818. Avocat. Il s'est occupé d'agriculture et a plusieurs fois représenté au congrès central le comice agricole de Mirecourt. Partisan du libre-échange, il a fait à l'Assemblée un discours remarquable dans la discussion relative à la fixation des heures de travail. Il a été nommé ministre du commerce et de l'agriculture le 31 décembre, en remplacement de M. Bixio qui avait donné sa démission en même temps que M. Léon de Maleville. Avant d'être ministre, il appartenait à la réunion de la rue de Poitiers. Dans le sein du cabinet, il suivait plus particulièrement la politique de MM. Léon Faucher et de Falloux.

DEBLAYE, élu à l'Assemblée législative le septième par 23,753 voix. Sa candidature avait été appuyée par le parti modéré. Il vient de mourir frappé du choléra.

FEBVREL, élu à l'Assemblée législative le quatrième par 28,970 voix. Il était porté sur la liste des candidats du parti modéré.

FOREL (CARLOS), élu à la Constituante par 69,616 voix, réélu le neuvième par 18,435 voix. Né à Nancy le 27 octobre 1793. Négociant, gendre de M. Kœchlin de Mulhouse, auteur de quelques articles d'économie politique dans *l'Européen*, *l'Industriel alsacien* et le *Moniteur industriel*; un des promoteurs du banquet réformiste de Colmar en 1847. Il était, à l'Assemblée, membre du comité du travail. Il a voté pour le crédit foncier, contre la proposition Rateau-Lanjuinais, contre la suppression des clubs, et contre le ministère dans la discussion sur les affaires d'Italie. Il faisait partie de la réunion du Palais-National.

HOUEL (JEAN-HUBERT), élu à la Constituante par 59,721 voix, réélu le deuxième par 35,272 voix. Né à Deycimont le 4 avril 1802. Ancien notaire, avocat, membre du conseil d'arrondissement et maire de Saint-Dié, secrétaire du comité de l'instruction primaire dans le même arrondissement. Il était, à l'Assemblée, membre du comité de l'instruction publique. Il a voté contre les deux Chambres et le vote à la commune, contre la suppression du remplacement militaire, contre le décret qui fixait à dix les lois organiques, pour la suppression des clubs, et contre le ministère dans la discussion sur les affaires d'Italie.

HUOT, élu à la Constituante par 44,339 voix,

réélu le troisième par 33,777 voix. Né à Bourmont (Haute-Marne) le 29 juin 1783. Fils de Huot de Gaucourt, secrétaire de l'Assemblée constituante de 1789. Il a fait toutes les campagnes de l'empire et a été décoré à Wagram par Napoléon. Il était, à l'Assemblée, membre du comité des travaux publics. Il a voté pour les deux Chambres et le vote à la commune, contre la proposition Rateau-Lanjuinais, contre la suppression des clubs, et contre le ministère dans la discussion sur les affaires d'Italie.

PERREAU, élu à l'Assemblée législative le cinquième par 27,856 voix. Il était candidat du parti modéré.

RESAL, élu à l'Assemblée législative le sixième par 23,805 voix. Porté sur la liste des candidats du parti modéré.

YONNE. — 8 REPRÉSENTANTS.

Ce département avait nommé 9 représentants à la Constituante ; 3 ont été réélus, — 5 nouveaux. — Non réélus : MM. Carreau, Charton, Guichard, Rampont, Rathier et Vaulabelle.

BERTRAND, élu à l'Assemblée législative le quatrième par 36,342 voix. Ancien négociant, longtemps juge au tribunal de commerce de la Seine, il en a été nommé président en 1844 ou 1845. Il est grand-maître adjoint du Grand-Orient de France. Sous la monarchie de la branche cadette, il avait des opinions libérales, cependant il a accepté deux fois la candidature du parti conservateur dans le troisième et le quatrième arrondissement de la Seine.

FRÉMY, élu à l'Assemblée législative le cinquième par 34,353 voix. Il était chef de cabinet de M. Léon Faucher, ministre de l'intérieur. La validité de son élection a été vivement attaquée lors de la vérification des pouvoirs.

LARABIT, élu à la Constituante par environ 82,000 voix, réélu le premier par 47,442 voix. Né en 1792. Ancien capitaine du génie, ancien député, un des braves qui accompagnèrent Napoléon à l'île d'Elbe. Envoyé à la Chambre après la révolution de 1830, par le collége d'Auxerre, il n'a pas cessé d'être réélu à chaque nouvelle législature; placé à l'extrême gauche, il a signé le compte-rendu, repoussé les lois de septembre, les dotations, les apanages, l'indemnité pritchardiste. Après la révolution de 1848 il fut nommé par le gouvernement provisoire, secrétaire général du ministère de la guerre. Le 24 juin, prsonnier des insurgés, au faubourg Saint-Antoine, il ise chargea d'aller transmettre leurs propositions au président de l'Assemblée nationale, jura de revenir se remettre en leur pouvoir, et tint fidèlement sa promesse après avoir rempli sa mission. A l'Assemblée nationale, M. Larabit faisait partie du comité de la guerre. Il a voté contre les deux Chambres et pour le vote à la commune, contre la suppression du remplacement militaire, pour la proposition Rateau-Lanjuinais et pour l'ordre du jour en faveur du ministère dans la discussion sur les affaires d'Italie. Il faisait partie de la réunion de l'Institut et du comité électoral de la république modérée.

LECOMTE (eugène), élu à l'Assemblée législative le deuxième par 37,238 voix. Administrateur des Berlines-Postes, lieutenant-colonel de la Garde nationale à cheval de Paris. Il était porté sur la liste du parti modéré.

RAUDOT, élu à la Constituante en remplacement de Louis-Napoléon Bonaparte qui avait opté pour la Seine, réélu le septième par 33,457 voix. Propriétaire. Sous la monarchie de la branche cadette, il avait des opinions légitimistes; à l'Assemblée nationale, il appartenait au comité de l'administration départementale et communale. Il a voté pour la proposition Rateau, contre la diminution de l'impôt du sel, pour la suppression des clubs, et généralement avec la réunion de la rue de Poitiers. Il a pris plusieurs fois la parole.

ROBERT, élu à la Constituante par 70,000 voix environ, réélu le sixième par 33,457 voix. Né à Auxerre en 1798. Membre de plusieurs sociétés politiques et entre autres de celle des Droits de l'homme. Il a constamment lutté contre la dernière dynastie. Le gouvernement provisoire, après la révolution de février, le nomma commissaire dans le département de l'Yonne. Il était, à l'Assemblée nationale, membre du comité d'agriculture. Il a voté pour le droit au travail, contre l'institution d'un président de la république et pour la concentration de tous les pouvoirs dans le sein de l'Assemblée nationale, pour le crédit foncier, pour la suppression du remplacement militaire, contre la proposition Rateau-Lanjuinais et contre le ministère dans la discussion sur les affaires d'Italie. Il appartenait à la réunion du Palais-National, et depuis le 20 décembre, il a appuyé presque toutes les propositions de la Montagne.

ROUSSEL, élu le huitième par 29,372 voix. Propriétaire, ancien officier, commandant de la garde nationale. Il a toujours fait partie de l'opposition sous le dernier gouvernement monarchique. Il a été porté sur la liste des démocrates-socialistes; cependant il n'est pas partisan du socialisme; c'est un républicain très avancé.

SAVATIER-LAROCHE, élu le septième par 30,183 voix. Avocat. Il a été l'un des propagateurs les plus actifs des doctrines socialistes dans le département de l'Yonne.

ALGÉRIE. — 3 REPRÉSENTANTS.

L'Algérie avait envoyé 4 représentans à la Constituante ; 2 ont été réélus. — 1 nouveau. — non réélus : MM. Ferdinand Barrot, de Prébois.

BARRAULT (ÉMILE), élu à l'Assemblée législative, le premier par 7,567 voix. Ancien saint-simonien, il était l'orateur le plus éloquent de la doctrine saint-simonienne ; il a porté le costume, fait une propagande active dans les principales villes de France, écrit un grand nombre d'articles dans le *Globe*, et il a suivi le PÈRE à Menilmontant et à la Cour d'assises. Après la dissolution de la famille saint-simonienne, il est allé en Orient, puis, de retour en France, il a publié un ouvrage sur la Turquie et a pendant quelque temps rédigé en chef le *Courrier français*. S'il a conservé le culte de la doctrine saint-simonienne, il en sera le seul représentant à la Législative.

DIDIER (HENRI), élu à la Constituante, réélu le deuxième par 7,285 voix. Né en 1808 à Fresnes-en-Voëvre (Meuse). Avocat, rédacteur du *Bon sens*, de 1832 à 1834 ; il fonda à Sedan et rédigea, de 1834 à 1839, le *Nouvelliste des Ardennes*, journal démocratique. Avocat à Paris, depuis 1839, il fut nommé, en 1844, juge-adjoint au tribunal d'Alger, puis procureur du roi à Philippeville et à Blidah, et enfin substitut du procureur général à Alger ; il donna sa démission, pour cause d'incompatibilité, aussitôt après son admission à l'Assemblée nationale. M. Didier a été l'un des plus actifs collaborateurs de la *France pittoresque*, et il a publié, en 1848, une brochure intitulée : *Idées d'organisation d el'Algérie*. A l'Assemblée, il a voté pour l'impôt progressif, pour le crédit foncier, pour la suppression du remplacement militaire, contre la proposition Rateau-Lanjuinais, contre la suppression des clubs et généralement contre la politique du ministère du 20 décembre. Il était de la réunion du Palais-National.

RANCÉ (DE), élu à la Constituante, réélu le troisième par 3,325 voix. Né en 1799 à Nonancourt (Eure). Ancien chef d'escadron d'état-major, ancien député du centre gauche, aide-de-camp du maréchal Clausel en Afrique; il se fit remarquer en plusieurs circonstances par l'énergie et la fermeté de sa conduite, notamment dans la désastreuse retraite qui suivit la première expédition de Constantine, en 1836. Il faisait partie, à l'Assemblée, du comité de l'Algérie et des colonies. Il a voté contre les deux Chambres et pour le vote à la commune, pour la concentration de tous les pouvoirs dans le sein de l'Assemblée nationale, pour la suppression du remplacement militaire, pour la propostion Rateau-Lanjuinais, et pour la suppression des clubs.

GUADELOUPE. — 2 REPRÉSENTANTS.

Cette colonie avait envoyé à la Constituante 3 représentants : MM. Ch. Dain, Louisy-Mathieu et Perinon. Elle n'en doit élire que deux à l'Assemblée législative. Ces élections ne seront connues qu'au mois de juillet.

MARTINIQUE. — 2 REPRÉSENTANTS.

Cette colonie avait envoyé à la Constituante 3 représentants : MM. Mazulime, Pory-Papy et Schœlcher. D'après la nouvelle loi électorale, elle n'en aura plus que deux. Ces élections ne seront connues que dans le mois de juillet.

SÉNÉGAL. — 1 REPRÉSENTANT.

Cette colonie avait envoyé à la Constituante un seul représentant : M. Durand Valentin. Elle en nommera un également à l'Assemblée législative.

L'ILE DE LA RÉUNION doit nommer deux représentants à la Législative, et la GUYANE un seul.

LISTE ALPHABÉTIQUE

DES

750 REPRÉSENTANTS.

A

	Pages.
Abbatucci fils.	53
Abbatucci père.	124
Achard.	152
Adalbert d'Hespel.	156
Adelswaerd (d').	145
Albert de Luynes.	217
Alengry.	30
Allier.	20
Ambert (le colonel).	127
Ancel.	209
Andigné de La Chasse (d').	97
André.	42
Anglade.	27
Anstett.	184
Arago (Emmanuel).	182
Arago (François).	182
Arbey.	125
Aréne.	230
Arnaud (Ariége).	27
Arnaud (Var).	230
Arrighi (le général).	53
Aubermesnil (d').	209
Aubertin.	139
Aubry (Nord).	157
Aubry (Vosges).	239
Avril	105
Aymé (Charles).	220

B

	Pages.
Bac.	200
Bajard.	68
Balzac (de).	31
Bancel.	69
Bandsept.	184
Baraguey-d'Hilliers.	66
Barbançois.	100
Barchoux de Penhoën.	77
Bard.	195
Barillon.	163
Baroche.	44
Barrault.	244
Barre.	217
Barrot (Odilon).	2
Barthélemy (Eure-et-Loire)	74
Barthélemy (Sauvaire)	34
Barthélemy (St.-Hilaire).	217
Bastiat (Frédéric).	112
Bauchart (Quentin).	13
Baudin.	9
Baune (de).	81
Baune (Eugène).	116
Bavoux.	214
Baze.	129
Beaumont (de) (Somme).	222
Beaumont (Gustave de).	198
Beaunay.	198

Béchard.	81	Boysset.	195
Bedeau.	201	Bravard-Veyrières.	173
Behaghel.	157	Bréhier.	136
Belin.	69	Breymand (Auguste).	119
Belliard.	87	Brillier.	105
Belvèze (de).	30	Brives.	94
Benier.	115	Brocard de Bussières.	13
Benoist (Denis).	81	Broglie (de).	72
Benoît-Champy.	55	Bruckner.	185
Benoît (Joseph).	189	Bruys.	195
Bérard.	129	Bryas (de).	170
Berger.	173	Bucher de Chauvigné.	133
Bernard (Martin).	117	Buffet.	239
Bernardi (de).	232	Bugeaud.	45
Berryer.	34	Burgard.	187
Berset (de).	143	**C**	
Bertholon.	105		
Bertrand (Marne).	140	Cailler du Tertre.	98
Bertrand (Yonne).	241	Callet.	117
Besse.	226	Camus de la Guibourgère.	121
Beugnot.	141	Canet.	226
Beyer.	184	Cantagrel.	115
Bigot.	143	Cambacérès.	14
Bigrel.	57	Carbonneau.	87
Bineau.	133	Cardon de Montigny.	170
Bixio.	66	Carteret.	140
Blavoyer.	29	Casabianca.	54
Blois (de).	77	Cassal.	187
Boch (Charles).	184	Castillon Saint-Victor.	84
Bochard.	9	Caulaincourt (de).	38
Bodet (Mathieu).	42	Cavaignac.	127
Boichot.	202	Cazalès (l'abbé).	228
Boissié.	130	Cécille.	210
Bonaparte (Napoléon).	44	Cesbron-Laveaux.	133
Bonaparte (Pierre).	22	Ceyras.	51
Boscher.	37	Chabert.	22
Botmilliau.	57	Chadenet.	147
Bouchet de Grandmay.	221	Chaix.	21
Bouhier de l'Ecluse.	233	Chamiot-Aventurier.	51
Bourbousson.	232	Champanhet.	23
Bourzat.	50	Chanay.	190
Bouvattier.	136	Changarnier.	35
Bouvet (Aristide).	10	Chaper.	55
Bouvet (Francisque).	10	Chapot.	82
Bouzique.	48	Chappon.	214

Charamaule.	95	Curial.	167
Charencey.	166	Curnier.	69
Charlemagne.	100	Cuverville.	57
Charnes.	57		
Charras.	174	**D**	
Chassagne-Goyon.	174		
Chasseloup-Laubat.	45		
Chasseloup-Laubat (général).	210	Dabeaux.	84
		D'Aguilhon.	226
Chauchart.	142	Dahirel.	149
Chauffour.	185	Dalbis du Salze.	32
Chauvin.	121	Dambray.	143
Chavassieu (Laurent).	118	Dampierre.	112
Chavoix.	62	Daniel-Lamazière.	238
Chazaud.	236	Darblay.	218
Chazelles (Léon de).	174	Dariste.	177
Chégaray.	177	Daru.	136
Cholat.	106	David (Ferdinand).	221
Choque.	157	Debès (Ferdinand).	96
Chouvy (Camille).	120	Deblaye.	240
Chovelon.	120	Debrotonne.	14
Clément.	106	Defontaine (Guy).	234
Coëtlosquet (du).	152	Defourment.	223
Coislin (Charles de).	121	Delavalade.	60
Collas (Gironde).	89	Delavau.	101
Collas de la Mothe.	77	Delbetz.	63
Combarel de Leyval.	175	Delbrel.	228
Combes.	31	Delebecque.	158
Combrier.	23	Demante.	72
Commissaire.	185	Demesmay.	67
Considérant.	202	Demontry (James).	55
Conte.	231	Denayrouse.	32
Coquerel.	203	Denis.	58
Coralli.	237	Denissel.	170
Corcelles (de).	166	Denjoy.	90
Cordier (Calvados).	38	Depasse.	58
Cordier (Jura).	109	Derriey.	110
Corne.	158	Descat.	159
Crémieux.	102	Desèze.	90
Crépu.	107	Desjobert.	210
Crespel de Latouche.	149	Deslongrais.	38
Crestin (Léon).	110	Desmarest.	210
Créton.	223	Desmars.	121
Crouzeilhes.	177	Desmousseaux de Givré.	75
Cunin (Charles).	24	Desrotours.	38

Detours.	229	Failly.	221
Deville.	180	Falloux (de).	134
Didier (Henri).	244	Farconnet.	107
Dieuleveult.	58	Fargin-Fayolle.	17
Dompierre d'Hormoy.	224	Farran.	134
Douay.	170	Faucher (Léon).	140
Douesnel-Duboscq.	38	Faultrier (de).	152
Douhet (Ferdinand de).	175	Faure (Rhône).	191
Doutre.	190	Faure (Hautes-Alpes).	21
Drouyn de l'Huys.	215	Favre (Ferdinand).	122
Druet Desvaux.	167	Favreau.	122
Dubois (Amable).	224	Fawtier.	187
Duché.	118	Fayolle.	61
Ducluseau.	63	Febvrel.	240
Ducouëdic.	78	Ferré des Ferris.	137
Dufaure.	46	Flandin.	219
Dufougerais.	234	Flavigny (de).	103
Dufournel.	192	Foblant.	145
Dufraisse (Marc).	64	Fond.	191
Dulac.	64	Fontenay (de).	72
Dumas.	159	Fornier de Saint Larry.	181
Duparc.	137	Forel.	240
Dupin ainé.	154	Fortoul (Hippolyte).	19
Dupin (Charles).	211	Fouquier d'Hérouel.	14
Dupont-Delporte.	170	Fourgassier-Vidal.	227
Duprat (Pascal).	113	Fournier.	36
Dupré.	30	Fourtanier.	85
Duputz (Edouard).	88	Francoville.	170
Duquesne.	159	Frechon (l'abbé).	171
Durand-Savoyat.	107	Frémy.	241
Durrieu.	39	Fresneau.	98
Dussoubs-Gaston.	238	Frichon.	238

E

G

Emmery.	185	Gain.	134
Espinasse (de l').	84	Gambon.	155
Estancelin.	211	Garnon.	203
Etcheverry.	178	Gasc.	85
Etienne.	147	Gaslonde.	137
Évain.	24	Gasselin de Fresnay.	198
		Gastier.	10

F

		Gavarret.	88
		Gavini.	54
Fabvier.	145	Gérard (Oise).	164

Gérard (Meurthe).	146	Hennessy	42
Gérard (Loir-et-Cher).	115	Hérambault (d').	171
Germonière	211	Hernoux.	219
Gicqueau.	122	Heurtier.	118
Gigon Labertrie.	168	Hervé de St.-Germain.	137
Gilland.	215	Hoffer.	188
Gillon.	148	Houel.	240
Gindriez.	195	Houdetot (d').	39
Girard (Alfred de).	96	Hovyn-Tranchère.	91
Girardin (Ernest de).	42	Hubert-Delisle.	91
Giraud (Augustin).	134	Hugo (Victor).	203
Girot-Pouzol.	175	Huguenin.	193
Gleizal.	23	Hunolstein (d').	152
Godelle.	15	Huot.	240
Goldemberger.	186	Husson.	29
Goulhot de St.-Germain.	137		
Gouin (Alexandre).	103		
Gourgaud (général).	221		
Goyet-Dubignon.	143		
Grandin.	212		

J

Grammont (de).	193	Jaffard (Justin).	132
Granier.	232	Janot (Ferdinand).	196
Granville (de).	123	Janvier.	229
Grasset (de).	96	Jehl.	186
Grelier-Dufougeroux.	234	Joigneaux.	56
Greppo.	191	Jollivet.	64
Grévy.	110	Joret.	88
Grillon.	101	Journu.	92
Grimault.	199	Jouy.	31
Gros.	171	Juéry.	227
Grouchy (Alphonse).	91	Junyen.	236
Guillier de Latouche.	135	Jusseraud (Francisque).	175
Guiter.	183		
Guizard.	61		

H

K

		Keranflech (de).	78
Harscouet de St.-Georges.	149	Kératry (de).	78
Hautpoul (d').	31	Kerdrel (de).	98
Havrincourt (d').	171	Keridec (de).	150
Hébert.	15	Kermarec (de).	99
Heeckeren.	187	Kœnig.	188
Heitzmann (Victor).	195	Kolb-Bernard.	160
Hennecart.	236	Kopp.	186

L

Laborde (Étienne).	46	Laussat (de).	178
Laborde (Léô de).	232	Lavergne.	227
Labordère.	224	Lebeuf.	216
Laboulie (de).	36	Lebreton (général).	75
Labroise (de)	144	Lecomte (Eugène).	242
Labrousse	127	Lecomte (Louis).	58
Labruguière-Carme.	82	Lecrom.	150
Lacave.	125	Ledru-Rollin.	17
Lacave-Laplagne.	89	Lefavrais.	168
Lacrosse.	79	Lefebvre-Dugrossiez.	225
Lacaze.	181	Lefebvre-Duruflé.	73
Laclaudure.	238	Leflo.	79
Ladevansaye.	135	Lefranc (Pierre-Joseph).	183
Ladevèze.	15	Lefranc (Victor).	113
Ladoucette.	153	Legorrec.	59
Lafayette (Oscar).	215	Legrand (de Guitry).	73
Lafon.	128	Legros-Devaux.	172
Lafosse.	99	Lélut.	193
Lagrange (Charles).	204	Lemaire.	164
Lagrange (de)	92	Lemarois.	137
Lagrenée.	224	Lemercier.	43
Laidet.	20	Lenormand-Dessale.	59
Laimé.	79	Lepelletier d'Aulnay.	219
Lainé.	92	Lequien.	172
Lamarque.	65	Leroux (Emile).	164
Lamennais.	204	Leroux (Jules).	61
Lamoricière.	199	Leroux (Pierre).	206
Lancastel.	123	Lescours (Léon de).	222
Landolphe.	196	Lespérut.	142
Langlais.	199	Lespinay.	234
Larabit.	242	Lestiboudois (Th.).	160
Larcy (de).	82	Levavasseur (C.).	212
Larochejacquelin.	150	Leverrier.	138
Larrabure.	178	Levet (Henry).	118
Lasteyras.	176	Lherbette.	15
Lasteyrie (Ferdinand).	205	Limayrac.	85
Lasteyrie (Jules de).	216	Loiset.	160
Latrade.	51	Lopez Dubec.	92
Laureau.	144	Lose (de).	144
Laurenceau.	236	Louriou.	49
Laurent (de l'Ardèche).	23	Louvet.	135
Lauriston.	15	Loyer.	212
		Luppé (de).	130

M

Madesclaire.	52
Madet.	18
Maigne (Jules).	120
Maissiat.	10
Mallardier.	155
Malbois.	86
Manescaut.	179
Marchand.	160
Marc Montagut.	65
Mareau (Théodore).	235
Maréchal.	56
Marrast (François).	114
Martel.	172
Martin (Alexandre).	125
Martin de Villers.	213
Mathé (Félix).	18
Mathieu (de la Drôme).	70
Mathieu (de la Redorte).	31
Mauguin.	56
Maure.	234
Mazé-Launoy.	80
Mège.	80
Melun (Nord).	160
Melun (Armand de).	97
Menand.	196
Merentié.	36
Mérode (de).	161
Michaud.	146
Michel (de Bourges).	49
Michot-Boutet.	126
Mie.	65
Millotte.	193
Mimerel.	161
Miot.	156
Mispoulet.	131
Molé.	92
Monet.	146
Monnier (Morbihan).	151
Monnier (Haute Loire).	120
Montalembert (de).	59
Montebello (Lannes de).	141
Montholon.	47
Moreau (de la Creuse).	62
Moreau (de la Seine).	206
Morel-Cornet.	225
Morrellet.	192
Mottet-Roselli.	11
Mornay (de).	164
Morny (de).	176
Mortemart (H. de),	213
Moulin.	176
Moustier (Léonel de).	68
Muchlenbach.	188
Murat (Lucien).	128
Murat (Sistrières).	40

N

Nadaud (Martin).	62
Nagle (de).	47
Nettement (Alfred).	151
Ney de la Moskowa.	76
Noailles-Mouchy (de).	165
Noblet.	56
Noël.	138

O

Olivier (d').	233
Ornano (d').	103
Oudinot.	135

P

Paillet.	16
Panat (de).	89
Parfait (Noël).	76
Parieu.	40
Parisis.	151
Pascal (Frédéric).	36
Passy (Hippolyte).	73
Paulmier.	39
Payer.	24
Péan (Emile).	126
Pelletier.	192
Penières.	52

Perdiguier.	207	Rateau.	43
Périer (Casimir).	29	Rattier.	208
Persigny.	118	Raudot.	242
Perreau.	241	Raulin.	148
Pervinquière (Antoine).	237	Ravez.	93
Peupin.	207	Regnault de Saint-Jean-	
Pfliéger.	189	d'Angély.	47
Pidoux.	68	Remilly.	220
Pigeon	219	Rémusat (de).	86
Pilhes.	28	Renaud.	179
Pioger (de).	151	Renouard.	132
Piquet.	168	Repellin.	108
Piscatory.	104	Resal.	241
Plancy (Charles de) (Oise).	165	Rességuier.	179
Plancy (de) (Aube).	30	Rey (Drôme).	70
Plichon.	172	Rey (général).	227
Ponstende.	28	Reybaud (Louis).	37
Pontgérard.	99	Reymond.	108
Porion.	225	Riancey (Henri de).	200
Postel.	99	Riboissière (de la).	99
Pougeard.	43	Richard.	41
Poujoulat.	36	Richardet.	111
Pradié.	32	Riché.	25
Proa.	237	Richier.	94
Prudhomme.	189	Rigal.	227
Pyat (Félix).	49	Rioult de Neuville.	39
		Robert.	243
		Rocquefeuil (de).	80
Q		Rochette (de la).	123
		Rochut.	156
Querhoënt.	99	Rodat.	32
Quinet (Edgard).	11	Rogé.	200
		Roger (Loiret).	126
		Roger (du Nord).	161
R		Rolland (Auguste).	197
		Rollinat.	101
		Romain des Fossés.	80
Raccouchot.	197	Ronjat.	108
Radoult-Lafosse.	131	Rouaix.	28
Rincé (de).	245	Rouet.	156
Randoing.	226	Rougeot.	197
Rantian.	19	Rouget-Lafosse (Charles).	222
Rapatel.	208	Rouher.	176
Raquette.	86	Rouillé (Emile).	235
Raspail (Benjamin).	192	Roussel (Lozère).	133

Roussel (Yonne).	243	Talon.	25
Roux Carbonnel.	83	Tamisier.	111
		Tartas.	131
		Taschereau.	104
S		Ternaux-Mortimer.	25
		Terrier Barthélemy.	19
Sage.	53	Testelin.	162
Sain.	119	Teilhard-Latérisse.	41
Sainte-Beuve.	165	Thiers.	213
Saint-Féréol.	120	Thieullin.	60
Saint-Marc-Rigaudie.	65	Thomine-Desmasures.	39
Saint-Priest (de) (Lot).	128	Thouret (Antony).	162
St.-Priest-Caraman (de).	96	Thuriot de la Rosière.	141
Saint-Romme.	109	Tinguy (Charles de).	235
Salis (de).	153	Tirlet.	141
Salmon (Meuse).	148	Tocqueville (de).	138
Salmon (Meurthe).	146	Toupet-Desvignes.	26
Salvat	116	Toupot de Bevaux.	142
Sarrut-Germain.	116	Tournier (Constant).	230
Sartin.	19	Tracy (de).	168
Sauteyra.	71	Tréveneuc (de).	60
Savatier-Laroche.	243	Tron.	87
Savoie.	189	Turpin.	114
Ségur d'Aguesseau.	181		
Sazerac de Forge.	43	**V — W — Y**	
Serré (Henri de).	100		
Sesmaisons.	123		
Sevaistre.	73	Vacheresse.	24
Seydoux.	161	Vandeuil (de)	142
Signard.	194	Vandeuvre (Gabriel de).	30
Simonnot.	149	Vasseur.	24
Sommier.	111	Vatimesnil (Lefebvre de).	74
Sonis.	153	Vatry (de).	146
Soubiès.	181	Vaudoré (Symphorien).	169
Soullié.	141	Vaudrey.	57
Staplande (de).	161	Vaujuas (de).	144
Subervie.	76	Vauthier.	50
Suchet.	231	Vavin.	208
Suchet d'Albuféra.	73	Vendois.	162
Surville (de).	83	Vergeron.	180
		Vernhette (Aveyron).	33
		Vernhette (Hérault).	97
T		Versigny.	194
		Vesin.	33
Talhouet.	200	Viard.	146

Vieillard.	139	Wartel de Retz.	172
Viguier.	50	Wast-Vimeux.	48
Villeneuve de Bargemont.	231	Wendel (de).	153
Vitet.	213	Westercamp.	186
Vignes.	28	Wolowski.	209
Walon.	163	Yvan.	20

FIN DE LA TABLE.

Imp. de Gustave GRATIOT, rue de la Monnaie, 11.

DICTIONNAIRE POLITIQUE

Encyclopédie de la science et du langage politique,

Par les notabilités de la presse et du parlement, précédée d'une Introduction par GARNIER-PAGÈS aîné. 1 fort volume in-8 de près de 1,000 pages à deux colonnes, imprimé en caractères neufs sur papier grand jésus vélin, contenant plus de 2,000 articles. 3ᵉ édition. 15 fr.

HISTOIRE DE DIX ANS (1830-1840)

PAR M. LOUIS BLANC.

7ᵉ édition, illustrée de 25 magnifiques gravures sur acier. 5 beaux volumes in-8. 25 fr.

— L'ouvrage est aussi publié en 50 livraisons à 50 c.

La suite de cet ouvrage, qui complétera l'*Histoire du règne de Louis-Philippe*, paraîtra prochainement.

DE LA DÉMOCRATIE EN AMÉRIQUE, par ALEXIS DE TOCQUEVILLE, membre de l'Institut; précédée d'un Examen comparatif de la démocratie en Suisse et en Amérique. 4 vol. in-8, 12ᵉ édition (1848). 20 fr.

Les tomes 3 et 4 se vendent séparément. 10 fr.

NOUVEAUX RÉSUMÉS HISTORIQUES. Collection de volumes in-32, grand aigle, à 1 fr. le volume. Comprenant l'histoire de tous les pays du monde, depuis leur origine jusqu'en 1847, avec une Notice biographique sur leurs grands hommes.

Les nouveaux résumés qui suivent sont en vente : *Autriche*, 1 vol., *Prusse*, 1 vol., *Allemagne*, 2 vol., *Pologne*, 1 vol., *Angleterre*, 2 vol., *Irlande*, 1 vol., *Océanie*, 1 vol., *Belgique*, 1 vol.

Sous Presse :

HISTOI... ...... GAR-
NIER- ...AIRE.

www.ingramcontent.com/pod-product-compliance
Lightning Source LLC
Chambersburg PA
CBHW070624170426
43200CB00010B/1908